KB066737

100만 독자의 선택
맛있는 중국어 시리즈

회화

| 첫걸음·초급 | ▶ 중국어 발음과 기본 문형 학습 |
| | ▶ 중국어 뼈대 문장 학습 |

| 초·중급 | ▶ 핵심 패턴 학습 |
| | ▶ 언어 4대 영역 종합 학습 |

맛있는 중국어
Level ❶ 첫걸음

맛있는 중국어
Level ❷ 기초 회화

맛있는 중국어
Level ❸ 초급 패턴1

맛있는 중국어
Level ❹ 초급 패턴2

맛있는 중국어
Level ❺ 스피킹

맛있는 중국어
Level ❻ 중국통

기본서

▶ 재미와 감동, 문화까지 **독해**
▶ 어법과 어감을 통한 **작문**
▶ 60가지 생활 밀착형 회화 **듣기**

▶ 이론과 트레이닝의 결합! **어법**
▶ 듣고 쓰고 말하는 **간체자**

맛있는 중국어 독해 ❶❷

맛있는 중국어 작문 ❶❷

맛있는 중국어 듣기

NEW 맛있는 중국어 어법

맛있는 중국어 간체자

비즈니스

맛있는
비즈니스 중국어
Level ❶ 첫걸음

맛있는
비즈니스 중국어
Level ❷ 일상 업무

맛있는
비즈니스 중국어
Level ❸ 중국 출장

맛있는
비즈니스 중국어
Level ❹ 실전 업무

▶ 비즈니스 중국어 초보 탈출! **첫걸음**
▶ 중국인 동료와 의사소통이 가능한 **일상 업무편**
▶ 입국부터 출국까지 완벽 가이드! **중국 출장편**
▶ 중국인과의 거래, 이젠 자신만만! **실전 업무편**

최신개정

스피킹 중국어

JRC 중국어연구소 기획·저

STEP 2

맛있는 books

최신개정 스피킹 **중국어** STEP **2**

제1판 1쇄 발행	2017년 6월 15일
제2판 1쇄 발행	2022년 12월 20일
제2판 2쇄 발행	2023년 10월 30일

기획·저	JRC 중국어연구소
발행인	김효정
발행처	맛있는books
등록번호	제2006-000273호
편집	최정임
디자인	이솔잎
조판	박자연
제작	박선희
삽화	정민경
녹음	⏐중국어⏐于海峰⏐曹红梅
	⏐한국어⏐허강원

주소	서울시 서초구 명달로 54 JRC빌딩 7층
전화	구입문의 02·567·3861⏐02·567·3837
	내용문의 02·567·3860
팩스	02·567·2471
홈페이지	www.booksJRC.com

ISBN	979-11-6148-067-1 14720
	979-11-6148-065-7 (세트)
정가	16,000원

머리말

『최신 개정 **스피킹 중국어**』 시리즈는 첫걸음 수준의 쉬운 회화부터 고급 수준의 세련된 회화까지 중국어 말하기를 제대로 트레이닝 할 수 있도록 총 8권으로 구성되어 있습니다.

『최신 개정 **스피킹 중국어 STEP 2**』는 『NEW **스피킹 중국어 첫걸음 Level up**』의 개정판으로 내용을 새롭게 업그레이드하여 회화와 어법을 공부한 후에 스피킹 실력을 더욱 탄탄하게 다질 수 있습니다. 또한 정확하고 유창한 중국어 구사에서 중국인의 실생활과 문화의 이해까지, 다양한 재미를 통해 여러분이 중국어 회화에 자신감을 가질 수 있도록 도와드릴 것입니다.

이 책의 특징은

먼저, **신선한 내용과 구성입니다.** 단순한 회화 패턴의 반복을 탈피하고 실제적인 스피킹 실력 배양에 도움이 되는 내용으로만 구성했습니다. 일상생활에서 접할 수 있는 여러 가지 상황을 통해 기초 회화를 익힐 수 있을 뿐만 아니라, 12과에서 익힌 회화와 어법을 잘 활용하면 기초적인 의사소통을 할 수 있습니다.

두 번째, **말하기 훈련에 중점을 두었습니다.** 과마다 반복적으로 말하는 훈련을 할 수 있도록 코너를 구성하여 스피킹에 익숙해질 수 있습니다. 또한 연습 문제를 통해 학습한 내용을 확인하는 동시에 복습이 가능합니다. 중국어 문장을 충분히 말하다 보면 자연스럽게 외우게 되고, 상황에 맞게 활용할 수 있는 '나만의 표현'이 됩니다.

세 번째, **새롭게 복습과와 워크북을 구성하였습니다.** 본책에서는 복습을 추가 구성하여 학습한 내용을 다시 정리하면서 문제 풀이로 복습하고, 별책으로 워크북을 추가하여 다양한 문제를 연습하여 실력을 확인할 수 있습니다.

마지막으로, **중국과 친해질 수 있습니다.** 중국의 사회, 문화를 함께 알아가며 중국어 학습의 흥미를 더할 수 있도록 하였습니다. 각 과의 '중국 엿보기', 'PLUS⁺' 코너를 통해 현재의 중국을 느끼며 더 재미있게 공부하길 바랍니다.

학습자들이 이 책을 통해 중국어를 쉽게 느끼고 재미있게 학습하여, '중국어 스피킹'에 자신감을 갖고 원하는 목표에 도달하기 바랍니다.

JRC 중국어연구소

차례

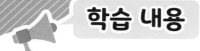

학습 내용

이 책의 구성

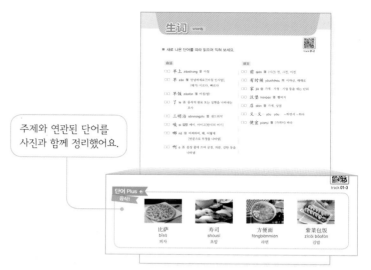

주제와 연관된 단어를
사진과 함께 정리했어요.

主要句子 key expressions

주요 구문만 암기해도 스피킹 자신감 충전!
각 과의 주요 표현과 어법이 담긴 핵심 문장을
활용도 높은 단어로 교체 연습하며 암기할 수
있어요.

生词 words

단어 암기, 스스로 체크체크!
회화와 본문에 나오는 주요 단어를 한눈에 확인할 수 있어요.

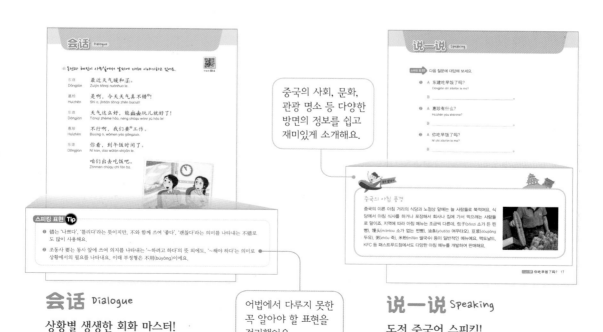

중국의 사회, 문화,
관광 명소 등 다양한
방면의 정보를 쉽고
재미있게 소개해요.

어법에서 다루지 못한
꼭 알아야 할 표현을
정리했어요.

会话 Dialogue

상황별 생생한 회화 마스터!
일상생활의 다양한 주제로 생생한
회화를 만날 수 있어요.

说一说 Speaking

도전 중국어 스피킹!
회화의 내용을 바탕으로 한 질문에 대답하고
자유롭게 말해 보세요.

课文 Text

독해의 기초를 충실히!

주인공들의 스토리로 구성된 본문을 큰 소리로
따라 읽으며 독해의 기초를 다질 수 있어요.

读和说 Reading&Speaking

읽기와 말하기를 한번에 트레이닝!

「읽고 말하기」, 「스피킹 도전」 코너로 본문과 관련
된 질문을 읽고 대답하거나, 주요 표현을 단어를
교체하며 말해 볼 수 있어요.

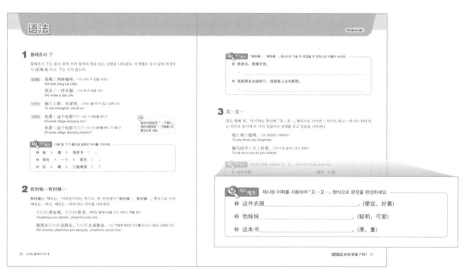

语法 Grammar

핵심 어법 마스터!

스피킹에서 꼭 알아야 하는 핵심 어법을 쉬운 예문과 함께 정리했어요. 어법을 학습한 후 「체크체크」 문제로
실력을 다져 보세요!

이 책의 구성

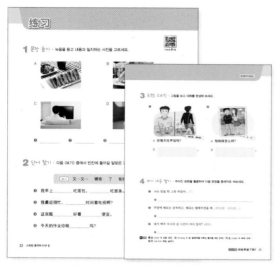

练习 Exercises

실력이 쌓인다!
문장 듣기, 단어 찾기, 스피킹, 쓰기 등 다양한 연습 문제로
학습한 내용을 복습하며 자신의 실력을 다시 한 번 점검할 수 있어요.

문화 PLUS⁺

중국어에 재미를 플러스!
중국어 학습에 흥미를 더할 수 있는 문화 플러스
코너를 통해 중국을 이해하고 더욱 친해질 수 있어요.

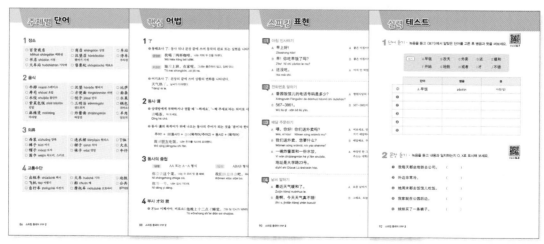

复习

한눈에 요점만 쏙쏙!
앞에서 학습한 주요 내용을 복습하고 문제를 풀어 보며 실력을 다질 수 있어요.

워크북(별책)

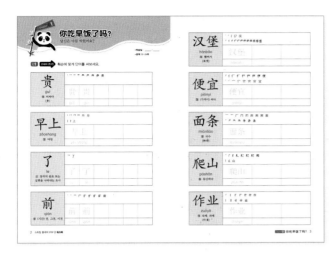

간체자 쓰기

본책에서 학습한 주요 단어를 획순에 맞게 써보며 쓰기 연습을 할 수 있어요.

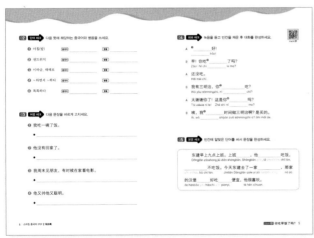

연습 문제

본책에서 학습한 단어, 어법, 회화, 본문을 다시 한 번 복습하며 실력을 점검할 수 있게 문제를 구성했어요.

MP3 파일 사용법

▶ MP3 파일 트랙 번호 보는 방법

과 ──┐   ┌── 트랙 번호

▶ MP3 파일 듣는 방법

track 01-1

책 속의 QR코드를 스캔하면 바로 음원을 들을 수 있습니다.

맛있는북스 홈페이지에 로그인한 후 MP3 파일을 다운로드해서 들을 수 있습니다.

이 책의 등장인물

朴东建
Piáo Dōngjiàn

박동건(한국인, 회사원)

내년에 베이징에 갈 예정이라
퇴근 후 학원에서 열심히 중국어 공부 중

王小婷
Wáng Xiǎotíng

왕샤오팅(중국인, 대학생)

동건의 친구. 한국어를 배우기 위해
한국에서 유학 중

李惠珍
Lǐ Huìzhēn

이혜진
(한국인, 동건의 직장 동료)

凯蒂
Kǎidì

케이티
(영국인, 샤오팅의 룸메이트)

金多英
Jīn Duōyīng

김다영
(한국인, 샤오팅의 학교 친구)

朴英爱
Piáo Yīng'ài

박영애
(한국인, 동건의 여동생)

일러두기

▶ 품사 약어표

품사명	약어	품사명	약어	품사명	약어
명사	명	고유명사	고유	조동사	조동
동사	동	인칭대명사	대	접속사	접
형용사	형	의문대명사	대	감탄사	감탄
부사	부	지시대명사	대	접두사	접두
수사	수	어기조사	조	접미사	접미
양사	양	동태조사	조	수량사	수량
개사	개	구조조사	조		

▶ **고유명사 표기**

중국의 지명, 기관 등의 명칭은 중국어 발음을 우리말로 표기하는 것을 원칙으로 하였고, 인명은 각 나라에서 실제로 읽히는 발음을 한국어로 표기했습니다. 단, 우리에게 한자 독음으로 잘 알려진 고유명사는 한자 독음으로 표기했습니다.

예 北京 Běijīng 베이징　　安娜 Ānnà 안나　　天安门 Tiān'ānmén 천안문

chapter 01

你吃早饭了吗?

Nǐ chī zǎofàn le ma?
당신은 아침 먹었어요?

Dialogue & Text

회화 아침 인사 하기
본문 동건의 아침

Grammar

1. 동태조사 了
2. 有时候…有时候…
3. 又…又…

Culture

중국어의 다양한 인사
표현에 대해 알아봐요.

主要句子 key Expressions

track 01-1

■ 주요 문장을 따라 읽으며 중국어의 뼈대를 다지세요.

01 동작의 완료를 물을 때

你 吃早饭 了吗? Nǐ chī zǎofàn le ma?
당신은 아침 먹었어요?

回家 집에 돌아가다
huíjiā

去旅行 여행 가다
qù lǚxíng

02 이따금씩 하는 동작을 표현할 때

他有时候 吃饭 ，有时候 不吃饭 。 Tā yǒushíhou chī fàn, yǒushíhou bù chī fàn.
그는 때로는 밥을 먹고, 때로는 밥을 먹지 않아요.

听音乐 음악을 듣다
tīng yīnyuè

唱歌 노래를 부르다
chànggē

运动 운동하다
yùndòng

跳舞 춤추다
tiàowǔ

03 두 가지의 성질이나 상태가 동시에 있음을 표현할 때

那家的 汉堡 又 好吃 又 便宜 。 Nà jiā de hànbǎo yòu hǎochī yòu piányi.
그 가게의 햄버거는 맛있고 싸요.

衣服 옷
yīfu

好看 예쁘다
hǎokàn

舒服 편하다
shūfu

牛排 스테이크
niúpái

难吃 맛없다
nánchī

贵 비싸다
guì

生词 words

track 01-2

■ 새로 나온 단어를 따라 읽으며 익혀 보세요.

会话

☐☐ **早上** zǎoshang 몡 아침

☐☐ **早** zǎo 혱 안녕하세요?[아침 인사말],
　　　　(때가) 이르다, 빠르다

☐☐ **早饭** zǎofàn 몡 아침(밥)

☐☐ **了** le 囨 동작의 완료 또는 실현을 나타내는
　　　　조사

☐☐ **三明治** sānmíngzhì 몡 샌드위치

☐☐ **唉** ài 괌탄 에이, 아이고[탄식의 어기]

☐☐ **哪** nǎ 때 어찌하여, 왜, 어떻게
　　　　[반문으로 부정을 나타냄]

☐☐ **啊** a 囨 문장 끝에 쓰여 긍정, 의문, 감탄 등을
　　　　나타냄

课文

☐☐ **前** qián 몡 (시간) 전, 그전, 이전

☐☐ **有时候** yǒushíhou 묀 이따금, 때때로

☐☐ **家** jiā 양 가게·가정·기업 등을 세는 단위

☐☐ **汉堡** hànbǎo 몡 햄버거

☐☐ **店** diàn 몡 가게, 상점

☐☐ **又…又…** yòu…yòu… ~하면서 ~하다

☐☐ **便宜** piányi 혱 (가격이) 싸다

track 01-3

단어 Plus +
음식1

比萨
bǐsà
피자

寿司
shòusī
초밥

方便面
fāngbiànmiàn
라면

紫菜包饭
zǐcài bāofàn
김밥

会话 Dialogue

track 01-4

#동건과 혜진이 아침 인사를 해요.

东建 早上好!
Dōngjiàn Zǎoshang hǎo!

惠珍 早!❶ 你吃早饭了吗?
Huìzhēn Zǎo! Nǐ chī zǎofàn le ma?

东建 还没吃。
Dōngjiàn Hái méi chī.

惠珍 我有三明治,你要不要吃?
Huìzhēn Wǒ yǒu sānmíngzhì, nǐ yào bu yào chī?

东建 太谢谢你了! 这是你做的吗?
Dōngjiàn Tài xièxie nǐ le! Zhè shì nǐ zuò de ma?

惠珍 唉,我哪有❷时间做三明治啊? 是买的。
Huìzhēn Ài, wǒ nǎ yǒu shíjiān zuò sānmíngzhì a? Shì mǎi de.

스피킹 표현 Tip

❶ 중국인은 아침 인사를 할 때 "早上好!"라고 하는데, 친한 사람끼리는 "早安!(Zǎo'ān!)", "早!"라고도 해요.

❷ 哪有는 '~이 어디 있겠어?'라는 뜻의 반어문으로 '없다'는 의미를 나타내요. 문장 끝에 종종 어기조사 啊를 붙여요.

说一说 Speaking

스피킹 도전! 다음 질문에 대답해 보세요.

❶ A 东建吃早饭了吗?
　　 Dōngjiàn chī zǎofàn le ma?

B _____ 。

❷ A 惠珍有什么?
　　 Huìzhēn yǒu shénme?

B _____ 。

❸ A 你吃早饭了吗?
　　 Nǐ chī zǎofàn le ma?

B _____ 。

중국 엿보기

중국의 아침 풍경

중국의 이른 아침 거리의 식당과 노점상 앞에는 늘 사람들로 북적여요. 식당에서 아침 식사를 하거나 포장해서 회사나 집에 가서 먹으려는 사람들로 말이죠. 지역에 따라 아침 메뉴는 조금씩 다른데, 包子(bāozi 소가 든 찐빵), 馒头(mántou 소가 없는 찐빵), 油条(yóutiáo 여우탸오), 豆浆(dòujiāng 두유), 粥(zhōu 죽), 米粉(mǐfěn 쌀국수) 등이 일반적인 메뉴예요. 맥도날드, KFC 등 패스트푸드점에서도 다양한 아침 메뉴를 개발하여 판매해요.

동건의 아침

东建早上九点上班。上班前❶，他有时候吃饭，有时候
Dōngjiàn zǎoshang jiǔ diǎn shàngbān. Shàngbān qián, tā yǒushíhou chī fàn, yǒushíhou

不吃饭。 今天东建去了一家汉堡店， 那家的汉堡又好吃❷又
bù chī fàn.　　Jīntiān Dōngjiàn qùle yì jiā hànbǎodiàn,　　nà jiā de hànbǎo yòu hǎochī yòu

便宜，他很喜欢。
piányi, tā hěn xǐhuan.

스피킹 표현 Tip

❶ 명사나 동사 뒤에 前을 쓰면 '~전', '~하기 전'이라는 뜻을 나타내고, 后를 쓰면 '~후', '~한 후'라는 뜻을 나타내요.

❷ 好吃처럼 「好+동사」 형식으로 된 형용사를 알아봐요.

- 好喝 hǎohē ···› (음료수 따위가) 맛있다
- 好听 hǎotīng ···› 듣기 좋다
- 好看 hǎokàn ···› 보기 좋다, 예쁘다
- 好玩儿 hǎowánr ···› 놀기 좋다, 재미있다

01 읽고 말하기! 본문 내용을 참고하여, 알맞은 답을 고른 후 대화로 연습해 보세요.

❶ 东建几点上班?
Dōngjiàn jǐ diǎn shàngbān?

A 早上九点 zǎoshang jiǔ diǎn

B 早上八点 zǎoshang bā diǎn

❷ 东建觉得那家的汉堡怎么样?
Dōngjiàn juéde nà jiā de hànbǎo zěnmeyàng?

A 又大又便宜 yòu dà yòu piányi

B 又好吃又便宜 yòu hǎochī yòu piányi

02 스피킹 도전! 다음 표현을 사용하여 말해 보세요.

❶ 吃面条 / 喝牛奶
去运动 / 去爬山

我早上有时候 _____ , 有时候 _____ 。
Wǒ zǎoshang yǒushíhou   yǒushíhou

❷ 大 / 便宜
小 / 贵

那家的三明治又 _____ 又 _____ 。
Nà jiā de sānmíngzhì yòu   yòu

New 단어 觉得 juéde 통 ~라고 생각하다, ~라고 느끼다 | 面条 miàntiáo 명 국수 | 爬山 páshān 통 등산하다, 산에 올라가다

语法

1 동태조사 了

동태조사 了는 동사 뒤에 쓰여 동작의 완료 또는 실현을 나타낸다. 부정형은 동사 앞에 부정부사 没(有)를 쓰고, 了는 쓰지 않는다.

긍정문
我喝了两杯咖啡。 나는 커피 두 잔을 마셨다.
Wǒ hēle liǎng bēi kāfēi.

我买了一件衣服。 나는 옷 한 벌을 샀다.
Wǒ mǎile yí jiàn yīfu.

부정문
她没上班，在家呢。 그녀는 출근하지 않고 집에 있다.
Tā méi shàngbān, zài jiā ne.

의문문
你看了这个电影吗？ 너는 이 영화를 봤니?
Nǐ kànle zhège diànyǐng ma?

你看了这个电影没有？ 너는 이 영화를 봤니 안 봤니?
Nǐ kànle zhège diànyǐng méiyǒu?

> **Tip**
> 일반의문문은 「…了吗?」, 정반의문문은 「…了没有?」의 형식으로 써요.

체크체크 다음 중 了가 들어갈 알맞은 위치를 고르세요.

❶ 他 A 看 B 很多书 C 。

❷ 我吃 A 一个 B 面包 C 。

❸ 你 A 喝 B 几瓶啤酒 C ？

2 有时候…有时候…

有时候는 '때로는', '이따금'이라는 뜻으로, 한 문장에서 「有时候…, 有时候…」 형식으로 쓰여 '때로는 ~하고, 때로는 ~하다'라는 의미를 나타낸다.

有时候看电视，有时候看书。 때로는 텔레비전을 보고, 때로는 책을 본다.
Yǒushíhou kàn diànshì, yǒushíhou kàn shū.

我周末有时候见朋友，有时候在家休息。 나는 주말에 때로는 친구를 만나고, 때로는 집에서 쉰다.
Wǒ zhōumò yǒushíhou jiàn péngyou, yǒushíhou zài jiā xiūxi.

체크 체크 「有时候…，有时候…」형식으로 다음 두 문장을 한 문장으로 만들어 보세요.

❶ 我游泳。我弹吉他。

　→ _____

❷ 我跟朋友去咖啡厅。我跟家人去电影院。

　→ _____

3 又…又…

又는 원래 '또', '다시'라는 뜻인데, 「又…又…」형식으로 쓰이면 '~하기도 하고 ~하기도 하다'라는 의미로 동시에 두 가지 성질이나 상태를 갖고 있음을 나타낸다.

他又帅又聪明。 그는 잘생겼고 똑똑하다.
Tā yòu shuài yòu cōngming.

她写的字又大又好看。 그녀가 쓴 글자는 크고 예쁘다.
Tā xiě de zì yòu dà yòu hǎokàn.

체크 체크 제시된 어휘를 사용하여 「又…又…」형식으로 문장을 완성하세요.

❶ 这件衣服_____。(便宜，好看)

❷ 他妹妹_____。(聪明，可爱)

❸ 这本书_____。(厚，重)

New 단어 帅 shuài 혱 멋있다 ┃ 聪明 cōngming 혱 똑똑하다 ┃ 字 zì 몡 글자 ┃ 厚 hòu 혱 두껍다 ┃ 重 zhòng 혱 무겁다

练习

1 문장 듣기 · 녹음을 듣고 내용과 일치하는 사진을 고르세요.

A

B

C

D

❶ _____ ❷ _____ ❸ _____ ❹ _____

2 단어 찾기 · 다음 〈보기〉 중에서 빈칸에 들어갈 알맞은 것을 고르세요.

> 보기   又…又…   哪有   了   有时候…有时候…

❶ 我早上_____吃面包，_____吃面条。

❷ 我最近很忙，_____时间看电视啊?

❸ 这双鞋_____好看_____便宜。

❹ 今天的作业你做_____吗?

3 도전! 스피킹 · 그림을 보고 대화를 완성해 보세요.

❶ A 你每天吃早饭吗?

有时候…有时候…

B _____ 。

❷ A 他妹妹怎么样?

又…又…

B _____ 。

4 쓰기 내공 쌓기 · 주어진 표현을 활용하여 다음 문장을 중국어로 써보세요.

❶ 나는 밥을 한 그릇 먹었어. (了)

➡ _____

❷ 주말에 때로는 공부하고, 때로는 텔레비전을 봐. (有时候…有时候…)

➡ _____

❸ 내가 맥주 마시러 갈 시간이 어디 있어? (哪有)

➡ _____

New 단어 最近 zuìjìn 명 요즘, 최근 | 双 shuāng 양 쌍, 켤레[짝을 이루는 물건을 세는 단위] | 作业 zuòyè 명 숙제, 과제 | 每天 měi tiān 매일, 날마다

문화 PLUS⁺

우리가 잘 알고 있는 你好!는 시간에 상관없이 언제든지 할 수 있는 대표적인 인사말이죠. 이 밖에도 중국어에는 시간과 상황에 따른 인사말이 있어요. 센스 있게 인사할 수 있는 다양한 인사 표현을 알아볼까요?

아침 인사는 '좋은 아침이에요!'라는 뜻의 早上好!, 早安!, 早!를 써요. 저녁 인사는 晚上好!(Wǎnshang hǎo!)를 쓰는데, 저녁에 열리는 행사나 회의에서 "Good evening!"처럼 사회자가 하는 인사말로도 쓰여요.

헤어질 때는 再见!이라고 하고 '(다음에) 또 만나요!'의 뜻을 나타내요. 요즘은 영어의 "Bye-bye"에서 비롯된 拜拜!(Báibái!)도 많이 써요. 잠자기 전에는 '잘 자!', '안녕히 주무세요!'의 뜻으로 晚安!(Wǎn'ān!)이라고 말해요.

처음 만난 사람에게는 认识你很高兴!(Rènshi nǐ hěn gāoxìng! 만나서 반갑습니다!)이라고 인사해요. 하지만 공식적인 자리나 격식 있는 자리, 업무상 만남의 자리에서는 初次见面!(Chū cì jiànmiàn! 처음 뵙겠습니다!) 또는 幸会幸会!(Xìnghuì xìnghuì! 만나 뵙게 되어 영광입니다!)라고 말하는 것이 더 예의를 갖춘 표현이에요.

chapter 02

电话号码是多少?

Diànhuà hàomǎ shì duōshao?

전화번호가 몇 번이에요?

Dialogue & Text	Grammar	Culture
회화 전화번호 물어보기 본문 동건의 어느 일요일	1. 동사 请 2. 동사의 중첩 3. 부사 才와 就	중국 짜장면에 대해 알아봐요.

主要句子 Key Expressions

■ 주요 문장을 따라 읽으며 중국어의 뼈대를 다지세요.

track 02-1

01 전화번호를 물을 때

香园饭馆儿 的电话号码是多少？ Xiāngyuán Fànguǎnr de diànhuà hàomǎ shì duōshao?
향원식당의 전화번호는 몇 번이에요?

银行 은행
yínháng

学校 학교
xuéxiào

02 정중하게 부탁할 때

他请我 吃饭 。 Tā qǐng wǒ chī fàn.
그가 나를 식사에 초대했어요.

来这儿 여기로 오다
lái zhèr

帮忙 돕다
bāngmáng

03 일의 발생 시간이 늦은 것을 표현할 때

上午十点才 起床 。 Shàngwǔ shí diǎn cái qǐchuáng.
오전 10시에야 비로소 일어났어요.

开门 문을 열다, 개점하다
kāimén

出发 출발하다
chūfā

生词 words

track 02-2

■ 새로 나온 단어를 따라 읽으며 익혀 보세요.

会话

☐☐ **号码** hàomǎ 몡 번호

☐☐ **送** sòng 통 배달하다, 보내다, 선물하다

☐☐ **外卖** wàimài 몡 포장 판매 음식, 배달 음식

☐☐ **炸酱面** zhájiàngmiàn 몡 짜장면

☐☐ **份** fèn 양 분, 몫, 세트

☐☐ **水饺** shuǐjiǎo 몡 물만두

☐☐ **地址** dìzhǐ 몡 주소

☐☐ **号** hào 양 호, 번[순서를 나타냄]

☐☐ **请** qǐng 통 ~하세요, (~에게 ~을) 청하다

☐☐ **香园饭馆儿** Xiāngyuán Fànguǎnr
고유 향원식당

☐☐ **大学路** Dàxué Lù 고유 대학로[도로명]

课文

☐☐ **一般** yìbān 분 일반적으로
형 일반적이다, 보통이다

☐☐ **上午** shàngwǔ 몡 오전

☐☐ **才** cái 분 이제서야, 비로소

☐☐ **发** fā 통 보내다, 발송하다

☐☐ **短信** duǎnxìn 몡 문자 메시지

☐☐ **自己** zìjǐ 대 자기, 자신

track 02-3

단어 Plus +
음식2

饺子
jiǎozi
만두

锅包肉
guōbāoròu
궈바오러우

麻辣烫
málàtàng
마라탕

羊肉串儿
yángròuchuànr
양꼬치

会话 Dialogue

#동건이 혜진에게 식당 전화번호를 물어봐요.

东建 Dōngjiàn	香园饭馆儿的电话号码是多少？ Xiāngyuán Fànguǎnr de diànhuà hàomǎ shì duōshao?

惠珍 Huìzhēn	567-3861❶。 Wǔ liù qī - sān bā liù yāo.

东建给饭馆儿打电话
Dōngjiàn gěi fànguǎnr dǎ diànhuà

东建 Dōngjiàn	喂，你好！ 你们送外卖吗？ Wéi, nǐ hǎo! Nǐmen sòng wàimài ma?

服务员 fúwùyuán	我们送外卖，您要什么？ Wǒmen sòng wàimài, nín yào shénme?

东建 Dōngjiàn	一碗炸酱面和一份水饺，地址是大学路23号。 Yì wǎn zhájiàngmiàn hé yí fèn shuǐjiǎo, dìzhǐ shì Dàxué Lù èrshísān hào.

服务员 fúwùyuán	好的，请等一等。 Hǎode, qǐng děng yi děng.

스피킹 표현 **Tip**

❶ 전화번호는 숫자를 하나씩 읽어야 돼요. 이때 보통 숫자 1은 yāo로 발음하는데, 지역과 개인의 습관
에 따라 원래 발음인 yī로 발음하기도 해요.

说一说 Speaking

스피킹 도전! 다음 질문에 대답해 보세요.

❶ A 香园饭馆儿的电话号码是多少?

　　Xiāngyuán Fànguǎnr de diànhuà hàomǎ shì duōshao?

　　B ＿＿＿＿＿＿＿＿＿＿＿＿＿＿＿＿＿＿＿＿＿。

❷ A 东建点了什么?

　　Dōngjiàn diǎnle shénme?

　　B ＿＿＿＿＿＿＿＿＿＿＿＿＿＿＿＿＿＿＿＿＿。

❸ A 你的手机号码是多少?

　　Nǐ de shǒujī hàomǎ shì duōshao?

　　B ＿＿＿＿＿＿＿＿＿＿＿＿＿＿＿＿＿＿＿＿＿。

중국의 긴급 전화번호

중국에 가면 긴급한 상황이 발생하기도 하는데, 이럴 때를 대비해서 미리 긴급 전화번호를 알고 있으면 급한 일이 생겼을 때 유용하겠죠.

〈中国的紧急电话号码 Zhōngguó de jǐnjí diànhuà hàomǎ〉

• 110 报警 bàojǐng 범죄 신고
• 119 火警 huǒjǐng 화재 신고
• 120 急救 jíjiù 응급 전화
• 114 查号台 cháhàotái 전화번호 안내 센터
• 122 交通事故报警 jiāotōng shìgù bàojǐng 교통사고 신고

课文 Text

동건의 어느 일요일

周末东建一般看看电视、见见朋友。今天是星期天，
Zhōumò Dōngjiàn yìbān kànkan diànshì、jiànjian péngyou.　Jīntiān shì xīngqītiān,

东建上午十点才起床。起床后，东建给一个朋友发短信，
Dōngjiàn shàngwǔ shí diǎn cái qǐchuáng. Qǐchuáng hòu, Dōngjiàn gěi yí ge péngyou fā duǎnxìn,

请他来自己家玩儿。
qǐng tā lái zìjǐ jiā wánr.

01 읽고 말하기! 본문 내용을 참고하여, 알맞은 답을 고른 후 대화로 연습해 보세요.

❶ 周末东建一般做什么?
Zhōumò Dōngjiàn yìbān zuò shénme?

A 看看电视　kànkan diànshì

B 玩儿玩儿手机　wánrwanr shǒujī

❷ 东建请朋友做什么?
Dōngjiàn qǐng péngyou zuò shénme?

A 来他家玩儿　lái tā jiā wánr

B 一起看电影　yìqǐ kàn diànyǐng

02 스피킹 도전! 다음 표현을 사용하여 말해 보세요.

❶ 看看书 / 听听音乐
做做饭 / 洗洗衣服

周末我一般在家　　　　　　　、　　　　　　　。
Zhōumò wǒ yìbān zài jiā

❷ 看电影
喝啤酒

朋友请我　　　　　　　。
Péngyou qǐng wǒ

New 단어　洗 xǐ 동 씻다, 빨다

语法

1 동사 请

❶ 请은 상대방에게 정중하게 어떤 동작을 부탁하거나 권할 때 '~하세요', '~해 주세요'라는 의미로 사용한다.

请坐。앉으세요.
Qǐng zuò.

请喝茶。차 드세요.
Qǐng hē chá.

❷ 동사 请의 목적어를 '겸어'라 한다. 겸어란 한 문장에 동사가 두 개 있는데, 첫 번째 동사의 목적어가 뒤에 나오는 동사의 주어가 되는 것을 말한다.

> 주어1 + 请(동사1) + 겸어(목적어/주어2) + 동사2 + (목적어)

我请朋友吃饭。나는 친구를 식사에 초대했다.
Wǒ qǐng péngyou chī fàn.

他请我来这儿。그가 나를 여기로 오라고 했다.
Tā qǐng wǒ lái zhèr.

> **Tip**
> 부정형은 첫 번째 동사 앞에 부정부사 不, 没를 쓰며, 겸어문에 자주 쓰이는 첫 번째 동사로는 让(ràng), 叫(jiào), 使(shǐ)가 있어요.

 체크 체크 다음 중 请이 들어갈 알맞은 위치를 고르세요.

❶ A 朋友   B 我   C 喝咖啡   D 。

❷ A 你   B 来了,   C 进   D !

2 동사의 중첩

동사를 반복하여 말하면 '좀 ~하다', '좀 ~해 보다'라는 의미로 어떤 동작을 시도해 보는 가벼운 어감을 나타낸다. 또한 동작의 시간이 짧거나 행위의 횟수가 적음을 나타내기도 한다. 1음절 동사는 AA 또는 A—A 형식으로 쓰고, 2음절 동사는 ABAB 형식으로 쓴다.

`1음절` 你尝尝这个菜。이 요리 좀 맛봐.
Nǐ chángchang zhège cài.

你等一等。잠시 기다려.
Nǐ děng yi děng.

> **Tip**
> 대부분의 동작동사는 중첩할 수 있는데, 조동사, 심리를 나타내는 동사, 존재를 나타내는 동사는 중첩할 수 없어요. 예를 들어 要要, 爱爱, 在在는 쓰지 않아요.

2음절　我们休息休息吧。 우리 좀 쉬자.
Wǒmen xiūxi xiūxi ba.

 체크체크　제시된 표현을 동사의 중첩형으로 바꾸세요.

❶ 看电影 ⟶ _____

❷ 唱歌 ⟶ _____

❸ 学习 ⟶ _____

❹ 运动 ⟶ _____

3 부사 才와 就

才는 '이제서야', '비로소'라는 뜻으로 어떤 동작의 발생 시간이나 끝난 시간이 늦은 것을 나타낸다. 就(jiù)는 '바로', '벌써', '이미'라는 뜻으로 어떤 동작의 발생 시간이나 끝난 시간이 이른 것을 나타낸다.

他晚上十二点才睡觉。 그는 밤 12시가 되어서야 비로소 잤다.
Tā wǎnshang shí'èr diǎn cái shuìjiào.

他五点就起床了。 그는 5시에 이미 일어났다.
Tā wǔ diǎn jiù qǐchuáng le.

> **Tip**
> 就를 쓰는 문장 끝에는 자주 了를 함께 써요.

체크체크　다음 빈칸에 才나 就를 써서 문장을 완성하세요.

❶ 两点上课，他一点_____来了。 2시 수업인데, 그는 1시에 이미 왔다.

❷ 他昨天晚上九点半_____下班。 그는 어젯밤 9시 반에 비로소 퇴근했다.

New 단어　坐 zuò 동 앉다 ┃ 进 jìn 동 (밖에서 안으로) 들다 ┃ 尝 cháng 동 맛보다 ┃ 爱 ài 동 사랑하다 ┃ 晚上 wǎnshang 명 저녁, 밤

练习

1 문장 듣기 · 녹음을 듣고 내용과 일치하는 사진을 고르세요.

A

B

C

D

❶ _____ ❷ _____ ❸ _____ ❹ _____

2 단어 찾기 · 다음 〈보기〉 중에서 빈칸에 들어갈 알맞은 것을 고르세요.

〈보기〉 请 看看 才 尝尝

❶ _____坐! 你想喝什么？

❷ 我今天早上十一点_____吃早饭。

❸ 妈妈做的菜很好吃，你也_____吧。

❹ 你_____现在几点。

3 도전! 스피킹 · 그림을 보고 대화를 완성해 보세요.

❶

A _____ ?

B 我的手机号码是010-1234-5678。

❷

请

A 我要三杯咖啡。

B 好的, _____ 。

4 쓰기 내공 쌓기 · 주어진 표현을 활용하여 다음 문장을 중국어로 써보세요.

❶ 차 드세요. (请)

➡ _____

❷ 나는 주말에 보통 영화를 좀 봐. (看看)

➡ _____

❸ 내 친구는 밤 10시에야 비로소 나에게 전화했어. (才)

➡ _____

문화 PLUS⁺

중국 짜장면에 대해 알아봐요.

짜장면은 중국의 전통 분식으로 중국 10대 면 요리 중 하나예요. 중국의 짜장면은 지역마다 조리법이 다른데, 그중에서 '옛날 베이징 짜장면(老北京炸酱面 lǎo Běijīng zhájiàngmiàn)'은 베이징, 텐진, 허베이 등지에서 매우 유명해요. 옛날 베이징 짜장면은 고기, 파, 생강, 마늘 등에 볶은 황두장(黄豆酱 huángdòujiàng)을 넣고, 그 위에 오이, 당근, 콩나물 등을 올려 비벼

먹어요. 황두장은 중국식 춘장으로 밀가루와 소금을 발효시킨 후 콩을 섞어 만들어서 짠맛이 강해요.

반면 한국식 짜장면은 황두장에 캐러멜을 첨가해서 만든 '한국식 춘장'을 사용해요. 거기에 양파를 함께 볶아 만들기 때문에 중국 짜장면에 비해 단맛이 강한 거예요. 그럼 짜장면은 언제 우리나라로 넘어왔을까요? 1882년 임오군란을 진압하러 파견된 청나라 군대의 보급을 위해 중국인 노동자들이 들어왔는데, 이때 주로 거리가 가까운 산둥 지역의 사람들이 인천항 인근에 와서 화교 공

동체를 이루었어요. 이것이 현재의 차이나타운이에요. 이들이 만든 산둥식 짜장면이 부두의 노동자들을 중심으로 퍼져 나가다, 1905년 차이나타운의 '공화춘'이라는 중국 음식점에서 '짜장면'이라는 이름으로 정식 메뉴를 판매하기 시작하였어요.

chapter 03

最近天气暖和了。

Zuìjìn tiānqì nuǎnhuo le.

요즘 날씨가 따뜻해졌어요.

Dialogue & Text

회화 날씨 말하기

본문 벚꽃을 보러 가다

Grammar

1. 어기조사 了

2. 방향보어

3. 一边⋯一边⋯

Culture

중국의 지역별 기후에 대해 알아봐요.

主要句子 Key Expressions

track 03-1

■ 주요 문장을 따라 읽으며 중국어의 뼈대를 다지세요.

01 변화를 말할 때

最近天气 暖和 了。 Zuìjìn tiānqì nuǎnhuo le.
요즘 날씨가 따뜻해졌어요.

冷 춥다
lěng

凉快 시원하다
liángkuai

02 동작의 방향을 표현할 때

咱们 出去 吃饭吧。 Zánmen chūqu chī fàn ba.
우리 나가서 식사해요.

回去 돌아가다
huíqu

进去 들어가다
jìnqu

03 동시에 진행하는 두 가지 동작을 말할 때

她们一边 聊天 ，一边 拍照 。 Tāmen yìbiān liáotiān, yìbiān pāizhào.
그녀들은 이야기하면서 사진을 찍어요.

吃饭 밥을 먹다
chī fàn

喝咖啡 커피를 마시다
hē kāfēi

说话 말을 하다
shuōhuà

吃蛋糕 케이크를 먹다
chī dàngāo

生词 words

track **03-2**

■ 새로 나온 단어를 따라 읽으며 익혀 보세요.

会话

- □□ 最近 zuìjìn 명 요즘, 최근
- □□ 天气 tiānqì 명 날씨
- □□ 暖和 nuǎnhuo 형 따뜻하다
- □□ 了 le 조 상황의 변화를 나타내는 어기조사
- □□ 真 zhēn 부 정말로, 진짜로
  형 진실이다, 사실이다
- □□ 不错 búcuò 형 좋다, 괜찮다
- □□ 这么 zhème 대 이렇게, 이러한
- □□ 出去 chūqu 동 나가다
- □□ 就 jiù 부 바로, 곧
- □□ 要 yào 조동 ~해야 하다
- □□ 午饭 wǔfàn 명 점심(밥)

课文

- □□ 花 huā 명 꽃
- □□ 红 hóng 형 붉다, 빨갛다
- □□ 树 shù 명 나무
- □□ 绿 lǜ 형 푸르다
- □□ 多 duō 부 얼마나
- □□ 樱花 yīnghuā 명 벚꽃
- □□ 一边…一边… yìbiān…yìbiān…
  ~하면서 ~하다
- □□ 聊天 liáotiān 동 잡담하다, 이야기하다
- □□ 拍照 pāizhào 동 사진을 찍다
- □□ 还 hái 부 또한, 게다가

track **03-3**

단어 Plus +
색깔

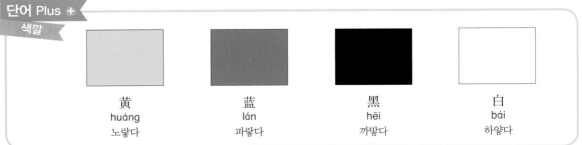

黄
huáng
노랗다

蓝
lán
파랗다

黑
hēi
까맣다

白
bái
하얗다

track 03-4

\# 동건과 혜진이 사무실에서 날씨에 대해 이야기하고 있어요.

东建　　Zuìjìn tiānqì nuǎnhuo le.
Dōngjiàn　最近天气暖和了。

惠珍　　是啊，今天天气真不错❶！
Huìzhēn　Shì a, jīntiān tiānqì zhēn búcuò!

东建　　天气这么好，能出去玩儿就好了！
Dōngjiàn　Tiānqì zhème hǎo, néng chūqu wánr jiù hǎo le!

惠珍　　不行啊，我们要❷工作。
Huìzhēn　Bùxíng a, wǒmen yào gōngzuò.

东建　　你看，到午饭时间了。
Dōngjiàn　Nǐ kàn, dào wǔfàn shíjiān le.

咱们出去吃饭吧。
Zánmen chūqu chī fàn ba.

스피킹 표현 Tip

❶ 错는 '나쁘다', '틀리다'라는 뜻이지만, 不와 함께 쓰여 '좋다', '괜찮다'라는 의미를 나타내는 不错로도 많이 사용해요.

❷ 조동사 要는 동사 앞에 쓰여 의지를 나타내는 '~하려고 하다'의 뜻 외에도, '~해야 하다'는 의미로 상황에서의 필요를 나타내요. 이때 부정형은 不用(búyòng)이에요.

说一说 Speaking

스피킹 도전! 다음 질문에 대답해 보세요.

1 A 最近天气怎么样?

Zuìjìn tiānqì zěnmeyàng?

B _____ 。

2 A 他们能出去玩儿吗?

Tāmen néng chūqu wánr ma?

B _____ 。

3 A 你那里最近天气怎么样?

Nǐ nàli zuìjìn tiānqì zěnmeyàng?

B _____ 。

봄의 도시 쿤밍(昆明)

윈난성(云南省 Yúnnán Shěng)의 성 소재지인 쿤밍(昆明 Kūnmíng)은 사계절이 봄과 같이 초목이 푸르러서 春城(chūnchéng 봄의 도시), 花城 (huāchéng 꽃의 도시)이라고 불려요. 쿤밍은 중국 서부 지역의 대표적인 역사 문화 도시이자 상업 도시예요. 주요 관광지로는 세계자연유산으로 등재된 석림(石林 Shílín)과 취호(翠湖 Cuì Hú) 등이 있어요. 그 밖에 윈난성의 리장(丽江 Lìjiāng)과 다리(大理 Dàlǐ)도 꼭 가봐야 할 명소예요.

课文 Text

벚꽃을 보러 가다

最近天气暖和了， 花红了， 树也绿了， 多漂亮啊！[1] 今天
Zuìjìn tiānqì nuǎnhuo le,　huā hóng le,　shù yě lǜ le,　duō piàoliang a!　Jīntiān

小婷跟多英去看樱花了。 她们一边聊天， 一边拍照， 还吃了
Xiǎotíng gēn Duōyīng qù kàn yīnghuā le. Tāmen yìbiān liáotiān, yìbiān pāizhào,　hái chīle

东西。 她们今天非常开心。
dōngxi.　Tāmen jīntiān fēicháng kāixīn.

스피킹 표현 Tip

[1] 多…啊!
부사 多는 啊와 함께 쓰여 '얼마나 ~한가'라는 의미로, 정도가 매우 높거나 심함을 나타내는 감탄문을 만들어요. 여기서 啊는 감탄의 어기를 나타내요.

예　最近天气多好啊! 요즘 날씨가 얼마나 좋은지!
　　Zuìjìn tiānqì duō hǎo a!

读和说 Reading&Speaking

01 읽고 말하기! 본문 내용을 참고하여, 알맞은 답을 고른 후 대화로 연습해 보세요.

❶ 今天小婷和多英做了什么?
Jīntiān Xiǎotíng hé Duōyīng zuòle shénme?

A 聊天、拍照 liáotiān、pāizhào

B 看樱花、喝咖啡 kàn yīnghuā、hē kāfēi

❷ 她们今天怎么样?
Tāmen jīntiān zěnmeyàng?

A 很高兴 hěn gāoxìng

B 不开心 bù kāixīn

02 스피킹 도전! 다음 표현을 사용하여 말해 보세요.

❶

| 学习 / 打工 |
| 看电视 / 吃饭 |

他一边 _____ ，一边 _____ 。
Tā yìbiān   yìbiān

❷

| 这件衣服 / 好看 |
| 小狗 / 可爱 |

_____ 多 _____ 啊!
            duō   a!

New 단어 高兴 gāoxìng 형 기쁘다, 즐겁다 | 打工 dǎgōng 통 아르바이트하다

语法

1 어기조사 了

어기조사 了는 문장의 끝에 쓰여 상황의 변화를 나타낸다.

天气热了。 날씨가 더워졌다.
Tiānqì rè le.

现在十二点了。 지금은 12시다.(→ 12시가 되었다)
Xiànzài shí'èr diǎn le.

他今年五岁了。 그는 올해 다섯 살이다.(→ 다섯 살이 되었다)
Tā jīnnián wǔ suì le.

체크체크 어기조사 了를 사용하여 다음 문장을 완성하세요.

❶ 现在_____。 지금 8시가 되었다.

❷ 脸_____。 얼굴이 붉어졌다.

2 방향보어

来, 去는 일부 동사 뒤에 놓여 동작의 이동 방향을 나타내는 방향보어의 역할을 한다. 즉, 말하는 사람 쪽으로 동작을 하면 来, 말하는 사람과 반대쪽으로 동작을 하면 去를 쓴다.

	上	下	进	出	回	过	起
来	上来 shànglai 올라오다	下来 xiàlai 내려오다	进来 jìnlai 들어오다	出来 chūlai 나오다	回来 huílai 돌아오다	过来 guòlai 다가오다	起来 qǐlai 일어나다
去	上去 shàngqu 올라가다	下去 xiàqu 내려가다	进去 jìnqu 들어가다	出去 chūqu 나가다	回去 huíqu 돌아가다	过去 guòqu 지나가다	X

爸爸什么时候回来? 아빠는 언제 돌아오시니?
Bàba shénme shíhou huílai?

快进来，外边很冷。 빨리 들어와. 밖은 추워.
Kuài jìnlai, wàibian hěn lěng.

체크 체크　방향보어를 사용하여 문장을 완성하세요.

❶ 外边很冷，不要＿＿＿＿＿。 밖에 추우니까, 나가지 마.

❷ 我在下边，你＿＿＿＿＿吧。 나는 아래에 있어. 네가 내려와.

3　一边…一边…

「一边…一边…」 형식은 '~하면서 ~하다'라는 뜻으로 두 가지 동작이 동시에 이루어짐을 나타낸다. 一를 생략해서 「边…边…」으로도 쓸 수 있다.

她一边走路，一边打电话。 그녀는 걸으면서 전화를 한다.
Tā yìbiān zǒulù, yìbiān dǎ diànhuà.

他一边唱歌，一边洗碗。 그는 노래를 부르면서 설거지를 한다.
Tā yìbiān chànggē, yìbiān xǐ wǎn.

체크 체크　「一边…一边…」 형식으로 다음 두 문장을 한 문장으로 만들어 보세요.

❶ 儿子做作业。儿子听音乐。 → ＿＿＿＿＿＿＿＿＿＿＿＿＿＿＿＿

❷ 妈妈打电话。妈妈做饭。 → ＿＿＿＿＿＿＿＿＿＿＿＿＿＿＿＿

New 단어　热 rè 혱 덥다 | 脸 liǎn 몡 얼굴 | 快 kuài 혱 빠르다 | 走路 zǒulù 동 (길을) 걷다 | 洗碗 xǐ wǎn 설거지하다

练习

1 문장 듣기 · 녹음을 듣고 내용과 일치하는 사진을 고르세요.

A

B

C

D

❶ _____　　❷ _____　　❸ _____　　❹ _____

2 단어 찾기 · 다음 〈보기〉 중에서 빈칸에 들어갈 알맞은 것을 고르세요.

> 보기　一边…一边…　多　出去　了

❶ 小狗在那儿玩儿呢，_____开心啊!

❷ 天气这么冷，不能_____玩儿。

❸ 李老师今年54岁_____。

❹ 他_____唱歌，_____开车。

3 도전! 스피킹 · 그림을 보고 대화를 완성해 보세요.

❶

A ＿＿＿＿＿＿＿＿＿。

B 我们去吃饭吧。

❷

A 爸爸什么时候回来?

B ＿＿＿＿＿＿＿＿＿。

4 쓰기 내공 쌓기 · 주어진 표현을 활용하여 다음 문장을 중국어로 써보세요.

❶ 요즘 날씨가 따뜻해졌어. (了)

　➜ ＿＿＿＿＿＿＿＿＿＿＿＿＿＿＿＿＿＿＿＿＿＿

❷ 우리 들어가서 차 마시자. (进去)

　➜ ＿＿＿＿＿＿＿＿＿＿＿＿＿＿＿＿＿＿＿＿＿＿

❸ 그는 밥을 먹으면서 텔레비전을 봐. (一边…一边…)

　➜ ＿＿＿＿＿＿＿＿＿＿＿＿＿＿＿＿＿＿＿＿＿＿

문화 PLUS⁺

중국의 지역별 기후에 대해 알아봐요.

중국은 국토가 넓고 다양한 지형의 영향으로 지역마다 기후도 다양해요. 가장 북쪽 지역에서부터 한온대(寒溫帯 hánwēndài), 중온대(中温帯 zhōngwēndài), 난온대(暖温帯 nuǎnwēndài), 아열대(亚热带 yàrèdài), 열대(热带 rèdài)와 서북부 칭짱고원의 고원기후대(高原气候带 gāoyuán qìhòudài)까지 6개 기후대로 나뉘어요. 중국 동북 지역인 헤이룽장성(黑龙江省 Hēilóngjiāng Shěng)은 평균 기온이 4℃이고, 심지어 한겨울인 1월에는 최대 −40℃ 이하로 내려가요. 반면 남쪽 지역의 하이난도(海南岛 Hǎinán Dǎo)는 연간 평균 기온이 25℃ 이상이고, 7월에는 최고 40℃ 가까이 돼요.

중국에는 '3대 화로(三大火炉 sān dà huǒlú)'라고 불리는 도시가 있는데 바로 충칭(重庆 Chóngqìng), 우한(武汉 Wǔhàn), 난징(南京 Nánjīng)이에요. 이 세 도시는 장강(长江 Cháng Jiāng) 중하류에 위치해서 습도가 매우 높은데 주변에 산지들로 둘러싸여 있어 쓰촨분지로 발생하는 열이 외부로 잘 빠져나가지 못해 고온다습한 기후가 나타나요. 이 세 도시는 비록 '화로'라고 칭해지지만, 실제로는 주변에 이 세 도시보다 더 온도가 높고 습한 지역들도 있어요.

중국의 연평균 강수량은 계절별로 고르지 않지만 보통 5~10월에 강수가 많은 편이고, 특히 6월 중순~7월은 우리나라처럼 장마(梅雨 méiyǔ) 기간이에요. 지역적으로는 남쪽 지역이 북쪽 지역보다 강수량이 많아요.

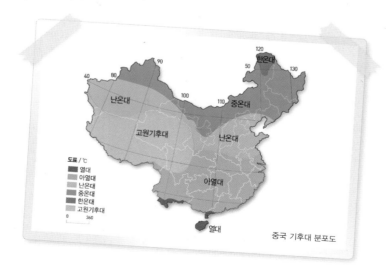

중국 기후대 분포도

我可以看一下吗?

Wǒ kěyǐ kàn yíxià ma?

제가 좀 보도 될까요?

主要句子

■ 주요 문장을 따라 읽으며 중국어의 뼈대를 다지세요.

track 04-1

01 허락을 구할 때

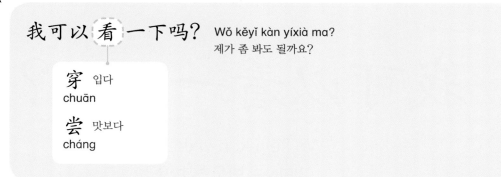

我可以看一下吗? Wǒ kěyǐ kàn yíxià ma?
제가 좀 봐도 될까요?

穿 입다
chuān

尝 맛보다
cháng

02 '적지 않다'는 표현을 말할 때

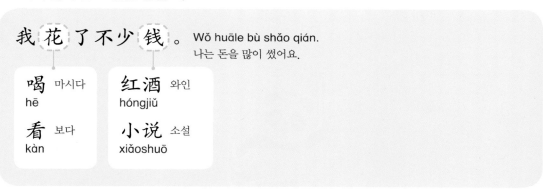

我花了不少钱。 Wǒ huāle bù shǎo qián.
나는 돈을 많이 썼어요.

喝 마시다
hē

看 보다
kàn

红酒 와인
hóngjiǔ

小说 소설
xiǎoshuō

03 동작의 결과를 말할 때

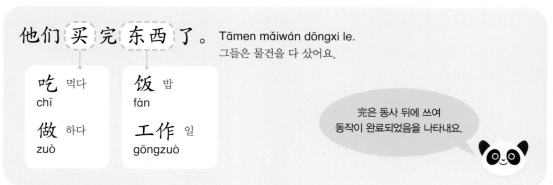

他们买完东西了。 Tāmen mǎiwán dōngxi le.
그들은 물건을 다 샀어요.

吃 먹다
chī

做 하다
zuò

饭 밥
fàn

工作 일
gōngzuò

> 完은 동사 뒤에 쓰여
> 동작이 완료되었음을 나타내요.

生词 words

■ 새로 나온 단어를 따라 읽으며 익혀 보세요.

会话

- □□ 一下 yíxià 수량 좀 ~하다, 한번 ~해 보다
- □□ T恤 T-xù 명 티셔츠
- □□ 条 tiáo 양 가늘고 긴 것을 세는 단위
- □□ 牛仔裤 niúzǎikù 명 청바지
- □□ 好看 hǎokàn 형 보기 좋다, 예쁘다
- □□ 万 wàn 수 만, 10,000
- □□ 千 qiān 수 천, 1,000
- □□ 韩币 hánbì 명 한국 돈, 한화
- □□ 下次 xià cì 다음 번
- □□ 改天 gǎitiān 부 다른 날에, 훗날에

课文

- □□ 逛 guàng 동 구경하다, 돌아다니다
- □□ 街 jiē 명 길, 거리
- □□ (一)些 (yì)xiē 양 약간, 조금
- □□ 化妆品 huàzhuāngpǐn 명 화장품
- □□ 花 huā 동 소비하다, 쓰다
- □□ 少 shǎo 형 (수량이) 적다
- □□ 完 wán 동 완성하다, 끝내다
- □□ 明洞 Míngdòng 고유 명동

단어 Plus +
의류

西装
xīzhuāng
양복

帽子
màozi
모자

围巾
wéijīn
목도리, 스카프

袜子
wàzi
양말

会话 Dialogue

track 04-4

#샤오팅이 옷을 새로 샀어요.

凯蒂
Kǎidì
你买衣服了？❶ 我可以看一下吗？
Nǐ mǎi yīfu le? Wǒ kěyǐ kàn yíxià ma?

小婷
Xiǎotíng
可以啊。我买了一件T恤和一条牛仔裤。
Kěyǐ a. Wǒ mǎile yí jiàn T-xù hé yì tiáo niúzǎikù.

凯蒂
Kǎidì
这条牛仔裤太好看了，多少钱？
Zhè tiáo niúzǎikù tài hǎokàn le, duōshao qián?

小婷
Xiǎotíng
四万八千韩币❷。
Sìwàn bāqiān hánbì.

凯蒂
Kǎidì
很便宜啊，下次我也去那儿买衣服。
Hěn piányi a, xià cì wǒ yě qù nàr mǎi yīfu.

小婷
Xiǎotíng
好的，改天我们一起去吧。
Hǎode, gǎitiān wǒmen yìqǐ qù ba.

스피킹 표현 Tip

❶ 문장 끝에 吗를 쓰지 않고 물음표만 써도 의문문을 만들 수 있어요. 이때 문장 끝의 억양을 올려서 말해야 돼요.

❷ 韩币는 '한화(한국 화폐)'라는 뜻으로 韩元(hányuán)으로도 쓸 수 있어요. '달러'는 美元(měiyuán), '엔화'는 日元(rìyuán), '유로'는 欧元(ōuyuán)이라고 해요.

说一说 Speaking

스피킹 도전! 다음 질문에 대답해 보세요.

❶ A 小婷买了什么?
Xiǎotíng mǎile shénme?

B _____。

❷ A 那条牛仔裤多少钱?
Nà tiáo niúzǎikù duōshao qián?

B _____。

 참고
단어

❸ A 你想买什么?
Nǐ xiǎng mǎi shénme?

B _____。

*裤子 kùzi 몡 바지
*裙子 qúnzi 몡 치마
*连衣裙 liányīqún 몡 원피스
*大衣 dàyī 몡 외투, 코트

중국의 인터넷 스타, 왕홍(网红)

인터넷, SNS 등이 발달하면서 인플루언서를 통한 마케팅이 급증하고 있어요. 중국에서는 인플루언서를 '왕홍(网红 wǎnghóng)'이라고 하는데, 인터넷에서 유명한 사람이라는 뜻의 网络红人(wǎngluò hóngrén)의 줄임말이에요. 왕홍은 패션, 미용, 뷰티 등의 분야에서 영향력을 행사하며, 왕홍을 통한 마케팅 효과가 경제적으로 큰 파급력을 가져오고 있어요. 그래서 '왕홍경제(网红经济 wǎnghóng jīngjì)'라는 말까지 생겼어요.

명동에서 쇼핑하기

今天小婷和凯蒂一起去明洞逛街了。 她们买了一些
Jīntiān Xiǎotíng hé Kǎidì yìqǐ qù Míngdòng guàng jiē le.　Tāmen mǎile yìxiē

化妆品，凯蒂还买了几件衣服。 她们都花了不少❶钱。 买完
huàzhuāngpǐn, Kǎidì hái mǎile jǐ jiàn yīfu.　Tāmen dōu huāle bù shǎo qián.　Mǎiwán

东西后，她们一起去吃晚饭了。
dōngxi hòu, tāmen yìqǐ qù chī wǎnfàn le.

스피킹 표현 Tip

❶ 不少는 '적지 않다', '많다'는 뜻으로 명사를 수식할 수 있어요. 이때 不少와 명사 사이에는 的를 쓰지 않아요.

01 읽고 말하기! 본문 내용을 참고하여, 알맞은 답을 고른 후 대화로 연습해 보세요.

❶ 凯蒂买了什么？
Kǎidì mǎile shénme?

A 衣服和书 yīfu hé shū

B 化妆品和衣服 huàzhuāngpǐn hé yīfu

❷ 买完东西后，她们做了什么？
Mǎiwán dōngxi hòu, tāmen zuòle shénme?

A 吃晚饭 chī wǎnfàn

B 喝咖啡 hē kāfēi

02 스피킹 도전! 다음 표현을 사용하여 말해 보세요.

❶ 超市 / 买水果
公园 / 散步

我们一起去 _____ _____ 了。
Wǒmen yìqǐ qù _____ le.

❷ 早饭 / 公司
礼物 / 邮局

买完 _____ 后，我去 _____ 了。
Mǎiwán _____ hòu, wǒ qù _____ le.

New 단어 水果 shuǐguǒ 명 과일 | 散步 sànbù 동 산책하다 | 礼物 lǐwù 명 선물

语法

1 동사＋一下

一下는 '좀 ~하다', '한번 ~해 보다'라는 뜻으로 동사 뒤에 쓰여 비교적 가볍게 어떤 동작을 시도해 보는 것을 나타낸다. 一下 뒤에 儿을 붙여서 쓸 수도 있다.

请等一下。잠시 기다리세요.
Qǐng děng yíxià.

你试一下这件衣服。너 이 옷 한번 입어 봐.
Nǐ shì yíxià zhè jiàn yīfu.

您好，我想问一下儿。안녕하세요. 뭐 좀 여쭤 보고 싶은데요.
Nín hǎo, wǒ xiǎng wèn yíxiàr.

> **Tip**
> 「동사＋一下」는 동사 중첩형과 의미가 같아요.

체크 체크 다음 문장을 「동사＋一下」 형식으로 바꾸세요.

❶ 我想看看这本书。 ⟶ _____

❷ 你尝尝这个菜。 ⟶ _____

2 결과보어

동사 뒤에서 동작의 결과를 묘사하는 보어를 '결과보어'라고 한다. 결과보어는 보통 형용사와 동사가 쓰이고, 부정형은 동사 앞에 没(有)를 쓴다.

긍정문　我做完作业了。나는 숙제를 다 했다.
Wǒ zuòwán zuòyè le.

부정문　我没(有)做完作业。나는 숙제를 다 하지 못했다.
Wǒ méi(yǒu) zuòwán zuòyè.

의문문　你做完作业了吗？ 너는 숙제를 다 했니?
Nǐ zuòwán zuòyè le ma?

▶ 자주 쓰이는 결과보어

결과보어	의미	예문
完 wán	완료되다 : 어떠한 일이나 동작의 마무리	妈妈已经做完饭了。 Māma yǐjīng zuòwán fàn le. 엄마는 이미 밥을 다 했다.
到 dào	목적 달성	我没找到手机。 Wǒ méi zhǎodào shǒujī. 나는 핸드폰을 찾지 못했다.
好 hǎo	잘 마무리되다 : 동작의 완성	我准备好了。 Wǒ zhǔnbèihǎo le. 나는 준비가 다 됐어.
见 jiàn	(시각이나 청각적인 부분에서) 무의식적인 감지나 결과	你听见了吗? Nǐ tīngjiàn le ma? 너는 들었어?
懂 dǒng	이해하다	这本书你看懂了吗? Zhè běn shū nǐ kàndǒng le ma? 이 책을 너는 이해했어?
错 cuò	틀리다	他不是叫你,你听错了。 Tā bú shì jiào nǐ, nǐ tīngcuò le. 그는 너를 부르지 않았어. 네가 잘못 들은 거야.

체크 **체크** 다음 〈보기〉 중 빈칸에 들어갈 알맞은 결과보어를 고르세요. (중복 사용 가능)

〔보기〕 好 懂 到 错 完

❶ 我还没吃_____饭。 나는 아직 밥을 다 먹지 못했다.

❷ 你听_____了吗? 너는 알아들었니?

❸ 对不起,我看_____了。 죄송해요. 제가 잘못 봤어요.

❹ 我洗_____衣服了。 나는 빨래를 다 했다.

❺ 我没买_____火车票。 나는 기차표를 사지 못했다.

New 단어 试 shì 통 시험 삼아 해보다 | 问 wèn 통 묻다, 질문하다 | 已经 yǐjīng 부 이미, 벌써 | 准备 zhǔnbèi 통 준비하다 | 火车票 huǒchēpiào 명 기차표

track **04-6**

1 문장 듣기 · 녹음을 듣고 내용과 일치하는 사진을 고르세요.

A

B

C

D

❶ _____ ❷ _____ ❸ _____ ❹ _____

2 단어 찾기 · 다음 〈보기〉 중에서 빈칸에 들어갈 알맞은 것을 고르세요.

〔보기〕 一下　懂　不少　见

❶ 我听_____敲门的声音。

❷ 这个句子你看_____了吗?

❸ 我在百货商店买了几件衣服, 花了_____钱。

❹ 您可以等_____吗?

3 도전! 스피킹 · 그림을 보고 대화를 완성해 보세요.

❶
A _____?

B 可以。

❷
A _____?

B 三万八千韩币。

4 쓰기 내공 쌓기 · 주어진 표현을 활용하여 다음 문장을 중국어로 써보세요.

❶ 내가 이 옷을 입어 봐도 될까? (一下)

➔ _____

❷ 너는 글자 하나를 틀리게 썼어. (错)

➔ _____

❸ 나는 물건을 다 산 후 바로 집으로 돌아갔어. (完)

➔ _____

New 단어 敲门 qiāo mén 문을 두드리다 | 声音 shēngyīn 몡 소리 | 句子 jùzi 몡 문장 | 百货商店 bǎihuò shāngdiàn 몡 백화점

문화 PLUS⁺

중국의 할인 행사에 대해 알아봐요.

중국은 매년 상, 하반기에 초대형 할인 행사가 열려요. 상반기에 있는 할인 행사는 중국 전자 상거래 업체 1·2위를 다투는 징둥(京东 Jīngdōng)의 창립 기념일인 6월 18일을 기념해서 열리는 618 쇼핑 축제(购物节 Gòuwù Jié)예요. 하반기에는 중국에서 가장 큰 할인 행사인 중국 판 블랙프라이데이라고도 불리는 광군절(光棍节 Guānggùn Jié) 할인 행사가 열려요. 이날은 11월 11일로 원래 솔로의 날이었는데, 2009년 알리바바에서 '젊은이들이 외로움을 쇼핑으로 해소해야 한다'는 광고를 내세워 큰 할인 행사를 진행하면서 엄청난 마케팅 효과를 가져왔어요. 그후 미국 블랙프라이데이처럼 매년 이날 파격적인 할인 행사를 열어서 최대의 쇼핑이 이루어지는 날이 되었어요.

광군절 할인 행사 때 물건을 구매하는 방법은 두 가지가 있는데요. 첫 번째는 예약 구매를 해서 미리 예약금을 내고 11월 11일 0시 이후에 잔금을 지불하여 구매하는 방법이에요. 이렇게 구매할 경우 할인율이 높진 않지만 쉽게 구매할 수가 있어요. 두 번째는 11월 11일 0시부터 바로 구매하는 방법이에요. 이 방법은 광군절 당일 할인율이 높은 물건들을 살 수 있지만 인기가 많은 제품은 구매하기가 쉽지 않아요.

중국에서 할인 행사를 할 때 할인하는 방법도 매우 다양해요. 몇 퍼센트 할인인지를 나타낼 때는 보통 打折(dǎzhé)라는 표현을 쓰는데 우리가 알고 있는 퍼센트의 표기법과는 달라요. 打 와 折 사이에 할인 퍼센트가 아닌 지불해야 할 퍼센트를 표기해요. 예를 들어 10% 할인이라면 정가의 90%를 지불해야 하기 때문에 打九折라고 표기하는 거죠. 打를 생략하고 九折라고도 표기해요. 그 외에도 '1+1'을 의미하는 买一送一(mǎi yī sòng yī), '반값 세일'을 의미하는 半价(bànjià), 그리고 일정액 이상을 구매하면 일부 금액을 빼주는 형태의 满…减…(mǎn…jiǎn…) 등의 할인 방법들이 있어요.

打折 dǎzhé

买一送一 mǎi yī sòng yī

满…减… mǎn…jiǎn…

chapter 05

你知道怎么去唐人街吗?

Nǐ zhīdào zěnme qù Tángrénjiē ma?

당신은 차이나타운에 어떻게 가는지 알아요?

Dialogue & Text

회화 교통수단 말하기

본문 지하철을 타고 학교에 가다

Grammar

1. 교통수단 말하기

2. 从…到…

3. 시간의 양 표현

Culture

중국의 기차 종류에 대해 알아봐요.

■ 주요 문장을 따라 읽으며 중국어의 뼈대를 다지세요.

track **05-1**

01 교통수단을 말할 때

可以 坐地铁 去。 Kěyǐ zuò dìtiě qù.
지하철을 타고 갈 수 있어요.

坐出租车 택시를 타다
zuò chūzūchē

骑自行车 자전거를 타다
qí zìxíngchē

02 '〜에서 〜까지'의 표현을 말할 때

从 这儿 到 那儿 要多长时间? Cóng zhèr dào nàr yào duō cháng shíjiān?
여기에서 거기까지 얼마나 걸려요?

你家 너희 집
nǐ jiā

公司 회사
gōngsī

首尔 서울
Shǒu'ěr

上海 상하이
Shànghǎi

要는 원래 '필요하다'라는 뜻인데 여기서는 '(시간이) 걸리다'라는 의미를 나타내요.

03 소요 시간을 말할 때

大概要 一个半小时 。 Dàgài yào yí ge bàn xiǎoshí.
대략 한 시간 반 걸려요.

两个星期 2주
liǎng ge xīngqī

十个月 10개월
shí ge yuè

生词 words

track 05-2

■ 새로 나온 단어를 따라 읽으며 익혀 보세요.

会话

□□ 知道 zhīdào 통 알다

□□ 地铁 dìtiě 명 지하철

□□ 公共汽车 gōnggòng qìchē 명 버스

□□ 从 cóng 개 ~에서

□□ 到 dào 개 ~까지

□□ 长 cháng 형 길다

□□ 大概 dàgài 부 대략, 대개

□□ 小时 xiǎoshí 명 시간

□□ 远 yuǎn 형 멀다

□□ 但 dàn 접 그러나, 하지만

□□ 还是 háishi 부 그래도, 여전히, 역시

□□ 唐人街 Tángrénjiē 고유 차이나타운

课文

□□ 每天 měi tiān 매일, 날마다

□□ 或者 huòzhě 접 혹은, 아니면

□□ 下车 xià chē 차에서 내리다, 하차하다

□□ 走 zǒu 통 걷다, 떠나다, 가다

track 05-3

단어 Plus +
교통수단

飞机
fēijī
비행기

船
chuán
배

自行车
zìxíngchē
자전거

摩托车
mótuōchē
오토바이

track **05-4**

 # 샤오팅이 동건에게 차이나타운에 어떻게 가는지 물어봐요.

小婷 **你知道怎么去唐人街吗?❶**
Xiǎotíng   Nǐ zhīdào zěnme qù Tángrénjiē ma?

东建 **可以坐地铁去，也可以坐公共汽车去。**
Dōngjiàn   Kěyǐ zuò dìtiě qù, yě kěyǐ zuò gōnggòng qìchē qù.

小婷 **从这儿到那儿要多❷长时间?**
Xiǎotíng   Cóng zhèr dào nàr yào duō cháng shíjiān?

东建 **大概要一个半小时。**
Dōngjiàn   Dàgài yào yí ge bàn xiǎoshí.

小婷 **这么远啊，但我还是想去看看。**
Xiǎotíng   Zhème yuǎn a, dàn wǒ háishi xiǎng qù kànkan.

东建 **好，我们下周六一起去吧。**
Dōngjiàn   Hǎo, wǒmen xià zhōuliù yìqǐ qù ba.

스피킹 표현 Tip

❶ 어떤 사실에 대해 상대방이 알고 있는지 여부를 물어볼 때 「知道…吗?」의 형식을 써요. 문장에 의문사가 있어도 반드시 吗를 넣어서 의문문을 만들어야 돼요.

❷ 多는 일부 형용사 앞에 쓰여 정도나 수량을 물어볼 수 있어요.

    예 多大 duō dà 얼마나 큰가, (나이가) 얼마인가

       多高 duō gāo 얼마나 높은가, 키가 얼마나 되는가

       多远 duō yuǎn 얼마나 먼가

스피킹 도전! 다음 질문에 대답해 보세요.

❶ A 可以怎么去唐人街?
　　Kěyǐ zěnme qù Tángrénjiē?

　　B ＿＿＿＿＿＿＿＿＿＿＿＿＿＿＿＿＿＿＿。

❷ A 从这儿到唐人街要多长时间?
　　Cóng zhèr dào Tángrénjiē yào duō cháng shíjiān?

　　B ＿＿＿＿＿＿＿＿＿＿＿＿＿＿＿＿＿＿＿。

❸ A 你去过唐人街吗?
　　Nǐ qùguo Tángrénjiē ma?

　　B ＿＿＿＿＿＿＿＿＿＿＿＿＿＿＿＿＿＿＿。

중국은 '공유 자전거' 시대

자전거는 오래전부터 중국인들의 필수 교통수단인데요. 요즘 중국에서는 많은 사람들이 스마트폰의 앱으로 대여·반납하는 공유 자전거(共享单车 gòngxiǎng dānchē)를 이용해요. 대표적인 공유 자전거 브랜드로는 美团单车(Měituán Dānchē), 青桔单车(Qīngjú Dānchē), 哈罗出行(Hāluo Chūxíng) 등이 있어요. 저렴한 이용 요금과 편리성이 장점이지만, 자전거 도난이나 훼손, 무분별한 주차 등의 문제가 발생하기도 해요. 그래서 요즘에는 공유 자전거를 관리하는 직업이 새로 생겼어요.

课文 Text

지하철을 타고 학교에 가다

小婷每天坐地铁去学校。从她家到学校要一个小时。
Xiǎotíng měi tiān zuò dìtiě qù xuéxiào.　Cóng tā jiā dào xuéxiào yào yí ge xiǎoshí.

在地铁里，她一般看看书、听听音乐，或者❶玩儿玩儿手机。
Zài dìtiě li,　　tā yìbān kànkan shū、tīngting yīnyuè,　　huòzhě wánrwanr shǒujī.

下车后，走五分钟就可以到学校。
Xià chē hòu, zǒu wǔ fēnzhōng jiù kěyǐ dào xuéxiào.

스피킹 표현 Tip

❶ 或者는 '혹은', '아니면'이라는 뜻으로 평서문에서 두 가지 이상의 사물이나 상황을 나열할 때 쓰여요.

读和说 Reading&Speaking

01 읽고 말하기! ▶ 본문 내용을 참고하여, 알맞은 답을 고른 후 대화로 연습해 보세요.

❶ 小婷每天怎么去学校?
Xiǎotíng měi tiān zěnme qù xuéxiào?

A 坐地铁　zuò dìtiě

B 坐公共汽车　zuò gōnggòng qìchē

❷ 下车后，走多长时间到学校?
Xià chē hòu, zǒu duō cháng shíjiān dào xuéxiào?

A 五分钟　wǔ fēnzhōng

B 一刻　yí kè

02 스피킹 도전! ▶ 다음 표현을 사용하여 말해 보세요.

❶ 公共汽车 / 公司
出租车 / 医院

我每天坐 _____ 去 _____ 。
Wǒ měi tiān zuò　　　　qù

❷ 十分钟 / 地铁站
一会儿 / 超市

下车后，走 _____ 就可以到 _____ 。
Xià chē hòu, zǒu　　　jiù kěyǐ dào

New 단어　出租车 chūzūchē 몡 택시

语法

1 교통수단 말하기

❶ 교통수단 이용에 대해 말할 때는 교통수단의 종류에 따라 쓰는 동사가 다르다. 좌석이 있는 교통수단을 탈 때는 坐, 말이나 자전거처럼 올라타야 하는 교통수단을 탈 때는 骑를 쓴다.

| 坐 zuò + | 飞机 비행기
fēijī | 火车 기차
huǒchē | 公共汽车 버스
gōnggòng qìchē | 船 배
chuán |

| 骑 qí + | 自行车 자전거
zìxíngchē | 摩托车 오토바이
mótuōchē | 马 말
mǎ |

❷ '걷다'는 走 또는 走路, '운전하다'는 开车로 표현한다.

咱们吃完饭后去外边走走吧。우리 밥을 먹고 나서 밖에 나가서 좀 걷자.
Zánmen chīwán fàn hòu qù wàibian zǒuzou ba.

他每天开车上下班。그는 매일 운전해서 출퇴근한다.
Tā měi tiān kāichē shàng xià bān.

체크 체크 사진을 보고 교통수단과 동사를 넣어 문장을 완성하세요.

❶ 她＿＿＿＿＿＿去北京。

❷ 他们＿＿＿＿＿＿去学校。

2 从…到…

「从A到B」 형식으로 쓰이면 'A에서 B까지'라는 뜻으로 시간과 장소의 범위를 나타낸다. 从은 장소, 시간, 범위 등의 시작점을 나타내고, 到는 도착점을 나타낸다.

他每天晚上从八点到九点看新闻。그는 매일 저녁 8시부터 9시까지 뉴스를 본다.
Tā měi tiān wǎnshang cóng bā diǎn dào jiǔ diǎn kàn xīnwén.

从这儿到地铁站不太远。 여기에서 지하철역까지 그다지 멀지 않다.
Cóng zhèr dào dìtiězhàn bú tài yuǎn.

체크 체크 제시된 단어를 배열하여 문장을 완성하세요.

❶ 星期五 / 从 / 休息 / 哥哥 / 星期天 / 到

→ _____

형(오빠)는 금요일부터 일요일까지 쉬어.

❷ 这儿 / 电影院 / 从 / 到 / 坐地铁 / 可以 / 去

→ _____

여기에서 영화관까지 지하철을 타고 갈 수 있어.

3 시간의 양 표현

'1시', '5분'처럼 어느 한 시점을 표현할 때는 点, 分을 쓰지만 '1시간', '5분(간)'처럼 시간의 양(시량)을 나타낼 때는 小时, 分钟을 쓴다.

시점		시량	
1분	一分 yì fēn	1분간	一分钟 yì fēnzhōng
2시	两点 liǎng diǎn	2시간	两个小时 liǎng ge xiǎoshí
2시 반	两点半 liǎng diǎn bàn	2시간 반	两个半小时 liǎng ge bàn xiǎoshí
2일	二号 èr hào	이틀	两天 liǎng tiān
이번 주	这个星期 zhège xīngqī	1주	一个星期 yí ge xīngqī
1월	一月 yī yuè	한 달	一个月 yí ge yuè
2022년	二零二二年 èr líng èr èr nián	2년(간)	两年 liǎng nián

New 단어 上下班 shàng xià bān 출퇴근하다 | 新闻 xīnwén 명 뉴스, 기사 | 不太 bú tài 그다지 ~하지 않다

练习

track 05-6

1 문장 듣기 · 녹음을 듣고 내용과 일치하는 사진을 고르세요.

A

B

C

D

❶ _____ ❷ _____ ❸ _____ ❹ _____

2 단어 찾기 · 다음 〈보기〉 중에서 빈칸에 들어갈 알맞은 것을 고르세요.

> 보기   或者   骑   从…到…   分钟

❶ 五_____后就可以下课。

❷ 姐姐_____摩托车去商店。

❸ 周末孩子一般踢足球_____游泳。

❹ _____首尔_____北京要两个小时。

3 도전! 스피킹 · 그림을 보고 대화를 완성해 보세요.

❶

A 我们怎么去?

B _____ 。

❷

A 从仁川到上海要多长时间?

B _____ 。

4 쓰기 내공 쌓기 · 주어진 표현을 활용하여 다음 문장을 중국어로 써보세요.

❶ 너는 영화관에 어떻게 가는지 알아? (知道…吗?)

➜ _____

❷ 회사에서 우리 집까지 30분 걸려. (从…到…)

➜ _____

❸ 비행기를 타고 대략 세 시간 걸려. (小时)

➜ _____

New 단어 商店 shāngdiàn 명 상점 | 仁川 Rénchuān 고유 인천

문화 PLUS+

중국의 기차 종류에 대해 알아봐요.

중국에는 우리나라의 KTX와 같은 고속열차가 있는데, 3가지로 나뉘어 각각 G, D, C 뒤에 숫자를 붙여 열차를 분류해요.

*G열차(高铁 gāotiě) : 최대 350km 시속으로 중국에서 가장 비싸고 빠른 초고속 열차

*D열차(动车 dòngchē) : 최대 250km 시속으로 중국에서 두 번째 빠른 열차로, 일부 주요 도시만 정차

*C열차(城际 chéngjì) : 도시와 도시 사이를 잇는 EMU열차(준고속)로 대표 구간은 베이징-톈진 노선 (총 120km, 약 40분 소요)

고속열차는 좌석 종류에 따라 비즈니스석(商务座 shāngwùzuò), 1등석(一等座 yīděngzuò), 2등석(二等座 èrděngzuò)으로 나눌 수 있어요.

商务座 shāngwùzuò   一等座 yīděngzuò   二等座 èrděngzuò

고속열차 외에 일반 열차도 좌석에 따라 다양한 종류로 나뉘어요. 바로 푹신한 침대(软卧 ruǎnwò), 딱딱한 침대(硬卧 yìngwò), 푹신한 좌석(软座 ruǎnzuò), 딱딱한 좌석(硬座 yìngzuò) 등으로 나눌 수 있어요.

软卧 ruǎnwò   硬卧 yìngwò   软座 ruǎnzuò   硬座 yìngzuò

chapter 06

我的手机不见了。

Wǒ de shǒujī bújiàn le.
내 핸드폰이 없어졌어요.

Dialogue & Text

회화 사물의 위치 말하기
본문 샤오팅의 집 주변 환경

Grammar

1. 존재를 나타내는 在와 有
2. 개사 往

Culture

중국의 은행과 통장 개설 방법에 대해 알아봐요.

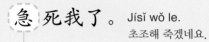 key Expressions

■ 주요 문장을 따라 읽으며 중국어의 뼈대를 다지세요.

01 '～해 죽겠다'를 표현할 때[부정]

急 死我了。 Jísǐ wǒ le.
초조해 죽겠네요.

气 화나다
qì

累 피곤하다
lèi

02 사물의 존재와 위치를 말할 때

手机在 杂志下面 呢。 Shǒujī zài zázhì xiàmiàn ne.
핸드폰은 잡지 아래에 있어요.

桌子上面 테이블 위
zhuōzi shàngmiàn

抽屉里面 서랍 안
chōuti lǐmiàn

03 장소의 위치를 말할 때

往 前 走两百米，有一家 咖啡厅 。 Wǎng qián zǒu liǎngbǎi mǐ,
yǒu yì jiā kāfēitīng.
앞으로 200미터 걸어가면, 커피숍이
하나 있어요.

东 동쪽
dōng

左 왼쪽
zuǒ

银行 은행
yínháng

书店 서점
shūdiàn

生词 words

■ 새로 나온 단어를 따라 읽으며 익혀 보세요.

会话

- □□ **不见** bújiàn 图 (물건을) 찾을 수 없다, 없어지다[뒤에 了를 동반 해야 함]
- □□ **重要** zhòngyào 형 중요하다
- □□ **急** jí 형 조급하다, 초조해하다
- □□ **死了** sǐ le ~해 죽겠다
- □□ **杂志** zázhì 명 잡지
- □□ **咦** yí 감탄 (놀람과 이상함을 나타내어) 어, 아이고
- □□ **终于** zhōngyú 부 드디어

课文

- □□ **左右** zuǒyòu 명 가량, 정도, 쯤
- □□ **出口** chūkǒu 명 출구
- □□ **往** wǎng 개 ~쪽으로, ~을 향해
- □□ **前** qián 명 앞, 앞쪽
- □□ **米** mǐ 양 미터(m)
- □□ **附近** fùjìn 명 부근, 근처
- □□ **觉得** juéde 图 ~라고 생각하다, ~라고 느끼다
- □□ **环境** huánjìng 명 환경

단어 Plus +
장소

火车站
huǒchēzhàn
기차역

售票处
shòupiàochù
매표소

车站
chēzhàn
정거장, 정류소

停车场
tíngchēchǎng
주차장

track 06-4

동건이 스마트폰을 찾고 있어요.

英爱
Yīng'ài

你在找什么呢?
Nǐ zài zhǎo shénme ne?

东建
Dōngjiàn

我的手机不见了。 你帮❶我找找。
Wǒ de shǒujī bújiàn le.　Nǐ bāng wǒ zhǎozhao.

手机里有很重要的东西, 急死我了❷。
Shǒujī li yǒu hěn zhòngyào de dōngxi, jísǐ wǒ le.

英爱
Yīng'ài

哥, 你的手机在杂志下面呢。
Gē, nǐ de shǒujī zài zázhì xiàmiàn ne.

东建
Dōngjiàn

咦? 怎么在这儿呢?
Yí?　Zěnme zài zhèr ne?

我终于找到它了。
Wǒ zhōngyú zhǎodào tā le.

스피킹 표현 Tip

❶ 帮은 '돕다'라는 뜻으로 「A+帮+B+동사+一下」 또는 「A+帮+B+동사 중첩」의 형식으로 쓰이면 'A가 B를 도와서 (대신) ~ 좀 (동사)해 주다'라는 의미를 나타내요.

❷ 死了는 '~해 죽겠다', '~해 죽을 지경이다'라는 뜻으로 정도가 심함을 나타내요.

　예　饿死了 èsǐ le 배고파 죽겠다　　笑死了 xiàosǐ le 웃겨 죽겠다

New 단어 笑 xiào 통 웃다

说一说 Speaking

스피킹 도전! 다음 질문에 대답해 보세요.

❶ A 东建在找什么呢?
   Dōngjiàn zài zhǎo shénme ne?

   B _____。

❷ A 那个东西在哪儿呢?
   Nàge dōngxi zài nǎr ne?

   B _____。

❸ A 你的手机在哪儿?
   Nǐ de shǒujī zài nǎr?

   B _____。

중국어 속 로마자 표기?

중국어에서 외래어는 보통 의역, 음역, 음역과 의역을 결합하는 방법으로 표기하는데, 이외에도 영어의 일부 알파벳을 살려 표기하기도 해요. 많이 사용하는 단어로는 U盘(U pán), T恤(T-xù), AA制(AA zhì), 卡拉OK(kǎlā OK) 등이 있어요. U盘과 T恤는 각각 USB와 T-shirt(티셔츠)의 알파벳 첫 글자를 살려 만든 것이고, AA制는 Algebraic Average의 줄임말로 비용을 각자 부담하는 '더치페이'를 의미해요. 卡拉OK는 일본어의 가라오케(karaoke)의 음과 알파벳을 따와 만든 단어예요. 가라오케 TV(karaoke TV)의 줄임말인 KTV도 많이 써요.

课文 Text

track 06-5

샤오팅의 집 주변 환경

从地铁站到小婷家，走路要十分钟左右❶。地铁站出口
Cóng dìtiězhàn dào Xiǎotíng jiā, zǒulù yào shí fēnzhōng zuǒyòu.　Dìtiězhàn chūkǒu

有一个超市，超市旁边有一家银行。往前走两百米，有一
yǒu yí ge chāoshì, chāoshì pángbiān yǒu yì jiā yínháng.　Wǎng qián zǒu liǎngbǎi mǐ, yǒu yì

家咖啡厅，咖啡厅后边是公园。小婷家就在公园附近。她
jiā kāfēitīng,　kāfēitīng hòubian shì gōngyuán.　Xiǎotíng jiā jiù zài gōngyuán fùjìn.　Tā

觉得这里的环境很好。
juéde zhèlǐ de huánjìng hěn hǎo.

스피킹 표현 Tip

❶ 左右는 '가량', '정도'의 의미로, 시간, 거리, 무게 등의 수량사 뒤에 쓰여 대략적인 수를 나타내요.

예　一个星期左右 yí ge xīngqī zuǒyòu 1주일 정도
　　两斤左右 liǎng jīn zuǒyòu 두 근 정도

01 읽고 말하기! 본문 내용을 참고하여, 알맞은 답을 고른 후 대화로 연습해 보세요.

❶ 从地铁站到小婷家多远？

Cóng dìtiězhàn dào Xiǎotíng jiā duō yuǎn?

A 走路十分钟左右 zǒulù shí fēnzhōng zuǒyòu

B 走路两分钟左右 zǒulù liǎng fēnzhōng zuǒyòu

❷ 小婷家附近有什么？

Xiǎotíng jiā fùjìn yǒu shénme?

A 超市 chāoshì

B 公园 gōngyuán

02 스피킹 도전! 다음 표현을 사용하여 말해 보세요.

❶ 走路 | 半个小时
骑自行车 | 二十分钟

从地铁站到我家， 　　　　 要 　　　　 左右。
Cóng dìtiězhàn dào wǒ jiā, yào zuǒyòu.

❷ 旁边 | 书店
对面 | 饭馆儿

咖啡厅 　　　 是公园， 　　　 就在公园附近。
Kāfēitīng shì gōngyuán, jiù zài gōngyuán fùjìn.

语法

1 존재를 나타내는 在와 有

在와 有는 모두 사람이나 사물이 어떤 장소에 존재함을 나타내지만 쓰임에는 차이가 있다.

> (특정한) 사물/사람 + 在 + 장소

你的钱包在桌子上。네 지갑은 테이블 위에 있다. [특정한 사물 → 너의 지갑]
Nǐ de qiánbāo zài zhuōzi shang.

小猫在椅子旁边。고양이가 의자 옆에 있다.
Xiǎomāo zài yǐzi pángbiān.

我的本子在桌子上面。(○) 나의 노트는 테이블 위에 있다.
Wǒ de běnzi zài zhuōzi shàngmiàn.

一个本子在桌子上面。(✕)
Yí ge běnzi zài zhuōzi shàngmiàn.

> 장소 + 有 + (불특정한) 사물/사람

桌子上有一个钱包。테이블 위에 지갑이 하나 있다. [불특정한 사물 → 누구의 지갑인지 모르거나 밝히지 않음]
Zhuōzi shang yǒu yí ge qiánbāo.

饭店里有很多人。식당 안에 많은 사람들이 있다.
Fàndiàn li yǒu hěn duō rén.

咖啡厅对面有一家公司。(○) 커피숍 맞은편에 회사가 하나 있다.
Kāfēitīng duìmiàn yǒu yì jiā gōngsī.

咖啡厅对面有我们公司。(✕)
Kāfēitīng duìmiàn yǒu wǒmen gōngsī.

체크 체크 빈칸에 在 또는 有를 넣어 다음 문장을 완성하세요.

❶ 我的手机＿＿＿＿＿抽屉里边。　　❷ 桌子上＿＿＿＿＿一杯牛奶。

❸ 北京＿＿＿＿＿很多好玩儿的地方。　　❹ 邮局＿＿＿＿＿银行的旁边。

2 개사 往

개사 往은 '~쪽으로', '~을 향해'라는 뜻으로 뒤에는 주로 방위사나 장소 관련 어휘를 쓴다.

往前走　앞으로 가다
wǎng qián zǒu

往左拐　왼쪽으로 돌다
wǎng zuǒ guǎi

往那儿看　저쪽을 보다
wǎng nàr kàn

往学校跑去　학교를 향해 뛰어가다
wǎng xuéxiào pǎoqu

체크 체크　제시된 단어를 배열하여 문장을 완성하세요.

❶ 右边 / 往 / 请 / 走　⟶ ＿＿＿＿＿＿＿＿＿＿＿＿＿＿＿

오른쪽으로 걸으세요.

❷ 看 / 对面 / 大家 / 往 / 请　⟶ ＿＿＿＿＿＿＿＿＿＿＿＿＿

여러분 맞은편 쪽을 보세요.

New 단어　钱包 qiánbāo 명 지갑 | 桌子 zhuōzi 명 탁자, 테이블 | 猫 māo 명 고양이 | 椅子 yǐzi 명 의자 | 本子 běnzi 명 공책, 노트 | 抽屉 chōuti 명 서랍 | 地方 dìfang 명 장소, 곳 | 拐 guǎi 동 방향을 바꾸다 | 跑 pǎo 동 뛰다, 달리다

track **06-6**

1 문장 듣기 · 녹음을 듣고 내용과 일치하는 사진을 고르세요.

A

B

C

D

❶ _____   ❷ _____   ❸ _____   ❹ _____

2 단어 찾기 · 다음 〈보기〉 중에서 빈칸에 들어갈 알맞은 것을 고르세요.

보기 有 往 在 死了 下面

❶ 我的本子_____桌子_____。

❷ 学校前面_____一个书店。

❸ _____左拐，那儿有一家咖啡厅。

❹ 我的手机怎么不见了? 气_____!

3 도전! 스피킹 · 그림을 보고 대화를 완성해 보세요.

❶

A 饭馆儿在哪儿?

B _____。

❷

A 电脑旁边有什么?

B _____。

4 쓰기 내공 쌓기 · 주어진 표현을 활용하여 다음 문장을 중국어로 써보세요.

❶ 기차역 앞에 많은 사람들이 있다. (有)

➡ _____

❷ 내 열쇠는 가방 안에 있어. (在)

➡ _____

❸ 앞으로 50미터 가면 공원이 하나 있어. (往)

➡ _____

New 단어 电脑 diànnǎo 명 컴퓨터 | 钥匙 yàoshi 명 열쇠

문화 PLUS⁺

중국의 은행과 통장 개설 방법에 대해 알아봐요.

중국에는 4대 상업은행으로 중국은행(中国银行 Zhōngguó Yínháng), 공상은행(工商银行 Gōngshāng Yínháng), 건설은행(建设银行 Jiànshè Yínháng), 농업은행(农业银行 Nóngyè Yínháng)이 있어요. 중국의 중앙은행은 중국인민은행(中国人民银行 Zhōngguó Rénmín Yínháng)이에요. 우리나라의 한국은행과 같은 곳이죠.

요즘 중국은 대부분 QR코드 시스템인 위챗페이, 알리페이로 결제해요. 상점은 물론 길거리 노점상까지도 위챗페이나 알리페이로 결제할 정도라서 현금으로 결제할 경우 거스름돈을 받기 힘든 경우도 있어서 중국에 유학 가거나 일하러 갈 경우 위챗페이나 알리페이가 있어야 해요. 따라서 중국 현지의 계좌가 필요한데, 중국에서 통장 하나만 개설하면 스마트 앱을 통한 모든 결제는 연동해서 쓸 수 있어요.

중국에서 통장을 개설하려면 우선 여권, 비자, 중국 내 핸드폰 번호가 필요하며, 비자는 취업비자나 유학비자 등 장기간 체류 가능한 비자가 있어야 해요. 중국 내 핸드폰 번호는 통장 개설 과정에서 인증번호를 확인할 때 필요해요. 통장 개설 절차는 우리나라와 비슷해서 은행 직원의 안내에 따라 서류를 작성하고 제출하면 돼요. 보통은 중국은행, 공상은행, 건설은행 등을 많이 이용하지만, 중국에 있는 한국계 은행에 가면 좀 더 편리하게 통장을 개설할 수 있어요.

复习

fùxí

chapter 01-06의
주요 학습 내용 체크

주제별 단어

1 장소

- 百货商店 bǎihuò shāngdiàn 백화점
- 书店 shūdiàn 서점
- 火车站 huǒchēzhàn 기차역
- 商店 shāngdiàn 상점
- 汉堡店 hànbǎodiàn 햄버거 가게
- 售票处 shòupiàochù 매표소
- 车站 chēzhàn 정거장, 정류소
- 停车场 tíngchēchǎng 주차장

2 음식

- 牛排 niúpái 스테이크
- 寿司 shòusī 초밥
- 水饺 shuǐjiǎo 물만두
- 紫菜包饭 zǐcài bāofàn 김밥
- 麻辣烫 málàtàng 마라탕
- 汉堡 hànbǎo 햄버거
- 方便面 fāngbiànmiàn 라면
- 饺子 jiǎozi 만두
- 三明治 sānmíngzhì 샌드위치
- 炸酱面 zhájiàngmiàn 짜장면
- 比萨 bǐsà 피자
- 面条 miàntiáo 국수
- 水果 shuǐguǒ 과일
- 锅包肉 guōbāoròu 궈바오러우
- 羊肉串儿 yángròuchuànr 양꼬치

3 의류

- 西装 xīzhuāng 양복
- 裤子 kùzi 바지
- 帽子 màozi 모자
- 围巾 wéijīn 목도리, 스카프
- 连衣裙 liányīqún 원피스
- 裙子 qúnzi 치마
- 袜子 wàzi 양말
- T恤 T-xù 티셔츠
- 大衣 dàyī 외투, 코트
- 牛仔裤 niúzǎikù 청바지

4 교통수단

- 出租车 chūzūchē 택시
- 飞机 fēijī 비행기
- 自行车 zìxíngchē 자전거
- 火车 huǒchē 기차
- 船 chuán 배
- 摩托车 mótuōchē 오토바이
- 地铁 dìtiě 지하철
- 公共汽车 gōnggòng qìchē 버스

5 양사

- [ ] 份 fèn 분, 몫, 세트
- [ ] 条 tiáo 가늘고 긴 것을 세는 단위
- [ ] 双 shuāng 쌍, 켤레
- [ ] 家 jiā 가게·가정·기업 등을 세는 단위
- [ ] 号 hào 호, 번[순서를 나타냄]

6 형용사

- [ ] 贵 guì 비싸다
- [ ] 重 zhòng 무겁다
- [ ] 长 cháng 길다
- [ ] 冷 lěng 춥다
- [ ] 黄 huáng 노랗다
- [ ] 白 bái 하얗다
- [ ] 帅 shuài 멋있다
- [ ] 快 kuài 빠르다
- [ ] 远 yuǎn 멀다
- [ ] 红 hóng 붉다, 빨갛다
- [ ] 蓝 lán 파랗다
- [ ] 少 shǎo (수량이) 적다
- [ ] 厚 hòu 두껍다
- [ ] 热 rè 덥다
- [ ] 高 gāo 높다, (키가) 크다
- [ ] 绿 lǜ 푸르다
- [ ] 黑 hēi 까맣다

7 동사

- [ ] 送 sòng 배달하다, 보내다
- [ ] 尝 cháng 맛보다
- [ ] 走 zǒu 걷다, 떠나다, 가다
- [ ] 走路 zǒulù (길을) 걷다
- [ ] 拍照 pāizhào 사진을 찍다
- [ ] 拐 guǎi 방향을 바꾸다
- [ ] 打工 dǎgōng 아르바이트하다
- [ ] 发 fā 보내다, 발송하다
- [ ] 逛 guàng 구경하다
- [ ] 进 jìn (밖에서 안으로) 들다
- [ ] 跑 pǎo 뛰다, 달리다
- [ ] 说话 shuōhuà 말을 하다
- [ ] 知道 zhīdào 알다
- [ ] 完 wán 완성하다, 끝내다
- [ ] 花 huā 소비하다, 쓰다
- [ ] 散步 sànbù 산책하다
- [ ] 聊天 liáotiān 이야기하다
- [ ] 觉得 juéde ~라고 생각하다
- [ ] 准备 zhǔnbèi 준비하다

핵심 어법

1 了

❶ 동태조사 了: 동사 뒤나 문장 끝에 쓰여 동작의 완료 또는 실현을 나타낸다.

긍정문 我喝了两杯咖啡。 나는 커피 두 잔을 마셨다.
Wǒ hēle liǎng bēi kāfēi.

부정문 她没上班，在家呢。 그녀는 출근하지 않고, 집에 있다.
Tā méi shàngbān, zài jiā ne.

❷ 어기조사 了: 문장의 끝에 쓰여 상황의 변화를 나타낸다.

天气热了。 날씨가 더워졌다.
Tiānqì rè le.

2 동사 请

❶ 상대방에게 부탁하거나 권할 때 '~하세요', '~해 주세요'라는 의미로 사용한다.

请喝茶。 차 드세요.
Qǐng hē chá.

❷ 동사 请의 목적어가 뒤에 나오는 동사의 주어가 되는 것을 '겸어'라 한다.

> 주어1 + 请(동사1) + 겸어(목적어/주어2) + 동사2 + (목적어)

我请朋友吃饭。 나는 친구를 식사에 초대했다.
Wǒ qǐng péngyou chī fàn.

3 동사의 중첩

1음절 AA 또는 A一A 형식

你尝尝这个菜。 너는 이 요리 맛 좀 봐봐.
Nǐ chángchang zhège cài.

你等一等。 너는 잠시 기다려.
Nǐ děng yi děng.

2음절 ABAB 형식

我们休息休息吧。 우리 좀 쉬자.
Wǒmen xiūxi xiūxi ba.

4 부사 才와 就

❶ 才(cái 이제서야, 비로소): 他晚上十二点才睡觉。 그는 밤 12시가 되어야 비로소 잤다.
Tā wǎnshang shí'èr diǎn cái shuìjiào.

② 就(jiù 바로, 벌써, 이미): 他五点就起床了。 그는 5시에 이미 일어났다.
　　　　　　　　　　　　Tā wǔ diǎn jiù qǐchuáng le.

5 방향보어

来, 去는 일부 동사 뒤에 놓여 동작의 이동 방향을 나타내는 방향보어의 역할을 한다.

	上	下	进	出	回	过	起
来	上来 shànglai 올라오다	下来 xiàlai 내려오다	进来 jìnlai 들어오다	出来 chūlai 나오다	回来 huílai 돌아오다	过来 guòlai 다가오다	起来 qǐlai 일어나다
去	上去 shàngqu 올라가다	下去 xiàqu 내려가다	进去 jìnqu 들어가다	出去 chūqu 나가다	回去 huíqu 돌아가다	过去 guòqu 지나가다	X

6 결과보어

동사 뒤에서 동작의 결과를 묘사하는 보어를 '결과보어'라고 한다.

긍정문　我做完作业了。 나는 숙제를 다 했다.
　　　　Wǒ zuòwán zuòyè le.

부정문　我没(有)做完作业。 나는 숙제를 다 하지 못했다.
　　　　Wǒ méi(yǒu) zuòwán zuòyè.

자주 쓰이는 결과보어

完 wán 완료되다 / 到 dào 목적 달성 / 好 hǎo 잘 마무리되다
见 jiàn 시각, 청각적인 결과 / 懂 dǒng 이해하다 / 错 cuò 틀리다

7 존재를 나타내는 在와 有

(특정한) 사물/사람 + 在 + 장소	장소 + 有 + (불특정한) 사물/사람
你的钱包在桌子上。 네 지갑은 테이블 위에 있다. Nǐ de qiánbāo zài zhuōzi shang. [특정한 사물 → 너의 지갑]	桌子上有一个钱包。 테이블 위에 지갑이 하나 있다. Zhuōzi shang yǒu yí ge qiánbāo. [불특정한 사물 → 누구의 지갑인지 모르거나 밝히지 않음]

스피킹 표현

01 아침 인사하기

A 早上好!
Zǎoshang hǎo!

B 早! 你吃早饭了吗?
Zǎo! Nǐ chī zǎofàn le ma?

A 还没吃。
Hái méi chī.

A 좋은 아침이에요!

B 좋은 아침이에요! 아침 먹었어요?

A 아직 안 먹었어요.

02 전화번호 말하기

A 香园饭馆儿的电话号码是多少?
Xiāngyuán Fànguǎnr de diànhuà hàomǎ shì duōshao?

B 567–3861。
Wǔ liù qī - sān bā liù yāo.

A 향원식당의 전화번호가 몇 번이에요?

B 567–3861이에요.

03 배달 주문하기

A 喂, 你好! 你们送外卖吗?
Wéi, nǐ hǎo! Nǐmen sòng wàimài ma?

B 我们送外卖, 您要什么?
Wǒmen sòng wàimài, nín yào shénme?

A 一碗炸酱面和一份水饺,
Yì wǎn zhájiàngmiàn hé yí fèn shuǐjiǎo,

地址是大学路23号。
dìzhǐ shì Dàxué Lù èrshísān hào.

A 여보세요, 안녕하세요!
거기 배달하나요?

B 배달해요. 무엇이 필요하세요?

A 짜장면 한 그릇과 물만두 1인분이요.
주소는 대학로 23이에요.

04 날씨 말하기

A 最近天气暖和了。
Zuìjìn tiānqì nuǎnhuo le.

B 是啊, 今天天气真不错!
Shì a, jīntiān tiānqì zhēn búcuò!

A 요즘 날씨가 따뜻해졌어요.

B 그래요. 오늘 날씨가 정말 좋네요!

05 새로 산 옷 소개하기

A 你买衣服了？我可以看一下吗？
Nǐ mǎi yīfu le?　Wǒ kěyǐ kàn yíxià ma?

A 당신 옷 샀어요? 내가 좀 봐도 돼요?

B 可以啊。我买了一件T恤和一条牛仔裤。
Kěyǐ a.　Wǒ mǎile yí jiàn T-xù hé yì tiáo niúzǎikù.

B 그럼요. 나는 티셔츠 하나와 청바지 하나를 샀어요.

---

06 교통수단 말하기

A 你知道怎么去唐人街吗？
Nǐ zhīdào zěnme qù Tángrénjiē ma?

A 당신은 차이나타운에 어떻게 가는지 알아요?

B 可以坐地铁去，
Kěyǐ zuò dìtiě qù,

지하철을 타고 갈 수 있고, 버스도 타고 갈 수 있어요.

也可以坐公共汽车去。
yě kěyǐ zuò gōnggòng qìchē qù.

---

07 소요 시간 말하기

A 从这儿到那儿要多长时间？
Cóng zhèr dào nàr yào duō cháng shíjiān?

A 여기에서 거기까지 얼마나 걸려요?

B 大概要一个半小时。
Dàgài yào yí ge bàn xiǎoshí.

B 대략 한 시간 반 걸려요.

---

08 사물의 위치 말하기

A 我的手机不见了。
Wǒ de shǒujī bújiàn le.

A 내 핸드폰이 없어졌어요.
당신이 나를 도와서 좀 찾아줘요.

你帮我找找。
Nǐ bāng wǒ zhǎozhao.

B 你的手机在杂志下面呢。
Nǐ de shǒujī zài zázhì xiàmiàn ne.

B 당신의 핸드폰은 잡지 아래에 있어요.

실력 테스트

1 단어 듣기 · 녹음을 듣고 〈보기〉에서 알맞은 단어를 고른 후 병음과 뜻을 써보세요. track 06-7

보기	A 早饭	B 改天	C 外卖	D 还	E 暖和
	F 开始	G 地铁	H 或者	I 才	J 不错

	단어	병음	뜻
예	A 早饭	zǎofàn	아침(밥)
❶			
❷			
❸			
❹			
❺			

2 문장 듣기 · 녹음을 듣고 내용과 일치하는지 O, X로 표시해 보세요. track 06-8

❶ 我每天都坐地铁去公司。 　　(　　　)

❷ 外边非常冷。 　　(　　　)

❸ 她周末都去饭馆儿吃饭。 　　(　　　)

❹ 我家就在公园后边。 　　(　　　)

❺ 妹妹买了一条裤子。 　　(　　　)

3 어법 · 다음 〈보기〉 중 빈칸에 들어갈 알맞은 단어를 고르세요.

> 보기　完　请　在　就

❶ _____ 等一下。

❷ 邮局 _____ 银行的旁边。

❸ 他女儿五岁 _____ 会说汉语了。

❹ 我做 _____ 作业了，累死了。

4 독해 · 다음 〈보기〉 중 제시된 문장과 어울리는 것을 고르세요.

> 보기　A 可以啊。
> 　　　B 我一边听音乐，一边做作业。
> 　　　C 他的弟弟又帅又聪明。
> 　　　D 大概要半个小时。

❶ 你在做什么呢?　　　　　(　　　)

❷ 从这儿到医院要多长时间?　(　　　)

❸ 我可以尝一尝吗?　　　　(　　　)

❹ 他的弟弟怎么样?　　　　(　　　)

5 말하기1 · 사진을 보고 대화를 완성하세요.

❶

A 你坐什么去医院?

B _____ 。

❷

A 小猫在哪儿?

B _____ 。

6 말하기2 · 다음 질문의 대답을 생각하여 학교(회사) 가는 길을 설명해 보세요.

❶ 你坐什么去学校(公司)?　❷ 从你家到学校(公司)要多长时间?
❸ 从地铁站到学校(公司)怎么走?　❹ 学校(公司)附近有什么?

我坐_____ 。
Wǒ zuò _____ .

从我家到学校(公司)_____ 。
Cóng wǒ jiā dào xuéxiào(gōngsī) _____ .

从地铁站_____ 就到了。
Cóng dìtiězhàn _____ jiù dào le.

学校(公司)附近有_____ 。
Xuéxiào(Gōngsī) fùjìn yǒu _____ .

我胃有点儿疼。

Wǒ wèi yǒudiǎnr téng.

나는 위가 좀 아파요.

主要句子 Key Expressions

■ 주요 문장을 따라 읽으며 중국어의 뼈대를 다지세요.

track 07-1

01 아픈 곳을 말할 때

我 [胃] 有点儿疼。 Wǒ wèi yǒudiǎnr téng.
나는 위가 좀 아파요.

头 머리
tóu

脖子 목
bózi

02 동작이나 상태의 정도가 심한 것을 말할 때

他 [头疼] 得厉害。 Tā tóu téng de lìhai.
그는 머리가 심하게 아파요.

肚子疼 배가 아프다
dùzi téng

咳嗽 기침하다
késou

厉害는 '심하다', '지독하다'의 뜻으로 정도가 심함을 나타내는데, '굉장하다', '대단하다'라는 긍정적인 의미로도 쓰여요.

03 '잘 ～해야 한다'는 표현을 말할 때

你要好好儿 [休息]。 Nǐ yào hǎohāor xiūxi.
당신은 잘 쉬어야 해요.

睡觉 자다
shuìjiào

吃饭 밥을 먹다
chī fàn

生词 words

■ 새로 나온 단어를 따라 읽으며 익혀 보세요.

会话

- □□ 怎么了 zěnme le 왜 그래?, 무슨 일이야?
- □□ 胃 wèi 명 위[신체]
- □□ 有点儿 yǒudiǎnr 부 조금, 약간
- □□ 疼 téng 형 아프다
- □□ 不用 búyòng 부 ~할 필요가 없다
- □□ 一点儿 yìdiǎnr 수량 약간, 조금
- □□ 药 yào 명 약
- □□ 行 xíng 형 괜찮다, 좋다
- □□ 药房 yàofáng 명 약국
- □□ 药剂师 yàojìshī 명 약사
- □□ 舒服 shūfu 형 (몸, 마음이) 편안하다
- □□ 恶心 ěxin 형 속이 메스껍다
- □□ 得 de 조 동사나 형용사 뒤에 쓰여 정도보어를 연결시키는 조사
  - děi 조동 ~해야 하다

课文

- □□ 厉害 lìhai 형 심하다, 대단하다
- □□ 开始 kāishǐ 동 시작하다
- □□ 咳嗽 késou 동 기침하다
- □□ 发烧 fāshāo 동 열이 나다
- □□ 好像 hǎoxiàng 부 마치 ~와 같다
- □□ 感冒 gǎnmào 명동 감기(에 걸리다)
- □□ 头 tóu 명 머리
- □□ 告诉 gàosu 동 알리다, 말하다
- □□ 打针 dǎzhēn 동 주사를 맞다
- □□ 热水 rèshuǐ 명 뜨거운 물, 따뜻한 물
- □□ 好好儿 hǎohāor 부 잘, 충분히

단어 Plus +
신체 부위

眼睛
yǎnjing
눈

鼻子
bízi
코

嘴
zuǐ
입

耳朵
ěrduo
귀

会话 Dialogue

샤오팅은 위가 아파요.

凯蒂 Kǎidì	你怎么了? Nǐ zěnme le?
小婷 Xiǎotíng	我胃有点儿疼。 Wǒ wèi yǒudiǎnr téng.
凯蒂 Kǎidì	要不要去医院? Yào bu yào qù yīyuàn?
小婷 Xiǎotíng	不用,吃一点儿药就行。 Búyòng, chī yìdiǎnr yào jiù xíng.

在药房
zài yàofáng

药剂师 yàojìshī	你哪儿不舒服? Nǐ nǎr bù shūfu?
小婷 Xiǎotíng	恶心,胃疼得厉害。 Èxin, wèi téng de lìhai.
药剂师 yàojìshī	这个药得❶吃两天。 少❷喝点儿咖啡。 Zhège yào děi chī liǎng tiān. Shǎo hē diǎnr kāfēi.

스피킹 표현 Tip

❶ 得는 여러 가지 의미를 가지고 있는데, 그에 따른 발음이 모두 달라요. 동사 '얻다'는 dé, 조사는 de, 조동사 '~해야 하다'는 děi로 발음해요.

❷ 少는 '적다'라는 뜻의 형용사인데 동사 앞에 쓰면 '적게 ~하다'라는 의미를 나타내요. 이때 동사 뒤에 는 종종 「(一)点儿+명사」 형식의 목적어를 써요. '많이 ~하다'라고 할 때는 동사 앞에 多를 써요.

예 少喝点儿酒。Shǎo hē diǎnr jiǔ. 술 좀 적게 마셔.
多吃点儿水果。Duō chī diǎnr shuǐguǒ. 과일 좀 많이 먹어.

说一说 Speaking

스피킹 도전! 다음 질문에 대답해 보세요.

❶ A 小婷怎么了?

   Xiǎotíng zěnme le?

   B _____。

❷ A 小婷想不想去医院?

   Xiǎotíng xiǎng bu xiǎng qù yīyuàn?

   B _____。

❸ A 药剂师跟小婷说了什么?

   Yàojìshī gēn Xiǎotíng shuō le shénme?

   B _____。

중국 병원에서 진료 받는 순서는?

중국 병원의 진료 순서는 우리나라와 다소 다른 부분이 있어요. 병원에 가면 挂号(guàhào)라고 써있는 곳에서 접수하면서 진료비를 미리 지불해야 돼요. 접수 후, 진료카드와 진단서를 가지고 진료실로 가서 순서를 기다린 뒤, 번호표의 번호를 부르면 진료실에 들어가요. 의사가 진단서에 처방전을 작성해 주면 처방전을 가지고 접수했던 곳으로 가서 약값을 내고, 옆에 있는 약국에 가서 약을 받아요. 주사는 주사실(注射室 zhùshèshì)에 가서 맞고, 만약 추가 검진이 있을 경우에는 약값을 낼 때 추가 검사비를 지불해야 돼요.

课文 Text

감기에 걸려 병원에 가다

最近东建工作很忙，休息得不好。他从昨天开始咳嗽、
Zuìjìn Dōngjiàn gōngzuò hěn máng, xiūxi de bù hǎo.　Tā cóng zuótiān kāishǐ késou、

发烧，好像感冒了。下班后，他头疼得厉害，就去了医院。
fāshāo, hǎoxiàng gǎnmào le.　Xiàbān hòu,　tā tóu téng de lìhai,　jiù qùle yīyuàn.

医生告诉❶他，要打针吃药，多喝热水，好好儿休息。
Yīshēng gàosu tā, yào dǎzhēn chī yào, duō hē rèshuǐ, hǎohāor xiūxi.

스피킹 표현 Tip

❶ 告诉는 '~에게 알리다', '~에게 말하다'의 뜻으로 「告诉+목적어1(대상)+목적어2(내용)」 형식으로 쓰여요.

예　老师告诉我们，今天没有作业。선생님은 우리에게 오늘은 숙제가 없다고 말씀하셨다.
　　Lǎoshī gàosu wǒmen, jīntiān méiyǒu zuòyè.

01 읽고 말하기! 본문 내용을 참고하여, 알맞은 답을 고른 후 대화로 연습해 보세요.

❶ 东建最近怎么样?

Dōngjiàn zuìjìn zěnmeyàng?

A 工作不忙 gōngzuò bù máng

B 休息得不好 xiūxi de bù hǎo

❷ 医生告诉东建怎么做?

Yīshēng gàosu Dōngjiàn zěnme zuò?

A 多吃蔬菜 duō chī shūcài

B 好好儿休息 hǎohāor xiūxi

02 스피킹 도전! 다음 표현을 사용하여 말해 보세요.

❶
睡 / 很少
吃 / 不好

最近我工作很忙,　　　　　得　　　　　。

Zuìjìn wǒ gōngzuò hěn máng,　　　de

❷
眼睛
嗓子

下班后，我　　　　　疼得厉害。

Xiàbān hòu,　wǒ　　　　　téng de lìhai.

New 단어 蔬菜 shūcài 몡 채소 | 睡 shuì 동 자다 | 嗓子 sǎngzi 몡 목(구멍)

语法

1 有点儿과 一点儿

❶ 有点儿은「有点儿+형용사」형식으로 쓰여 주로 부정적이거나 만족스럽지 못함을 표현한다.

我最近有点儿忙。 나는 요즘 좀 바쁘다.
Wǒ zuìjìn yǒudiǎnr máng.

从我家到机场有点儿远。 우리 집에서 공항까지 좀 멀다.
Cóng wǒ jiā dào jīchǎng yǒudiǎnr yuǎn.

❷ 一点儿은「동사/형용사+(一)点儿」형식으로 쓰여 수량의 적음을 나타낸다.

我们吃了一点儿。 우리는 조금 먹었다.
Wǒmen chīle yìdiǎnr.

这个鸡蛋好吃一点儿。 이 계란은 좀 맛있다.
Zhège jīdàn hǎochī yìdiǎnr.

> **체크 체크** 빈칸에 有点儿이나 一点儿 중 알맞은 것을 쓰세요.
>
> ❶ 这件衣服_____小。
> ❷ 你买这个吧，这个便宜_____。
> ❸ 你要少喝_____酒。
> ❹ 我肚子_____疼。

2 정도보어

동사나 형용사 뒤에서 동작이나 행위, 상태의 정도를 보충 설명하는 보어를 '정도보어'라고 한다. 정도보어 앞에는 구조조사 得가 온다. 부정형은 得와 정도보어 사이에 부정부사 不를 쓴다.

> 주어 + 동사/형용사 + 得 + 정도보어

我哥哥游得快。 우리 형(오빠)는 수영을 잘한다.
Wǒ gēge yóu de kuài.

她眼睛疼得厉害。 그녀는 눈이 심하게 아프다.
Tā yǎnjing téng de lìhai.

他说得很好。 그는 말을 잘한다.
Tā shuō de hěn hǎo.

他唱得不好。 그는 잘 부르지 못한다.
Tā chàng de bù hǎo.

> **Tip**
> 정도부사 很, 非常은 정도보어와 구조조사 得 사이에 위치해요.

동사 뒤에 목적어가 오면, 목적어 뒤에 동사를 한 번 더 쓰거나 목적어를 동사 앞에 둔다.

> 주어 + (동사) + 목적어 + 동사 + 得 + 정도보어

他(说)汉语说得好。 그는 중국어를 잘한다.
Tā (shuō) Hànyǔ shuō de hǎo.

체크체크 제시된 단어를 배열하여 문장을 완성하세요.

❶ 玩儿 / 他们 / 得 / 高兴 / 很 → _____
                               그들은 매우 즐겁게 논다.

❷ 他 / 得 / 不 / 吃 / 多 → _____
                               그는 많이 먹지 않는다.

3 형용사의 중첩

❶ 형용사를 중첩하면 원래보다 강한 의미를 나타낸다. 1음절 형용사는 AA 형식, 2음절 형용사는 AABB 형식으로 중첩하여 쓴다.

1음절   大大的眼睛 커다란 눈   高高的鼻子 오뚝한 코
            dàdà de yǎnjing   gāogāo de bízi

2음절   漂漂亮亮 매우 예쁘다   高高兴兴 매우 기쁘다
            piàopiao liàngliàng   gāogao xìngxìng

❷ 중첩된 형용사는 정도부사의 수식을 받지 않는다. 일부 형용사는 중첩하면 부사가 되는데 이 때 두 번째 음절은 제1성으로 바뀌고, 종종 뒤에 儿을 붙인다.

好好儿学习 (O) 공부를 열심히 하다   很好好儿学习 (X)
hǎohāor xuéxí   hěn hǎohāor xuéxí

慢慢儿吃 (O) 천천히 먹다   太慢慢儿吃 (X)
mànmānr chī   tài mànmānr chī

New 단어 鸡蛋 jīdàn 몡 계란 | 肚子 dùzi 몡 복부, 배 | 唱 chàng 동 (노래를) 부르다 | 慢 màn 혱 느리다

练习

1 문장 듣기 · 녹음을 듣고 내용과 일치하는 사진을 고르세요.

track **07-6**

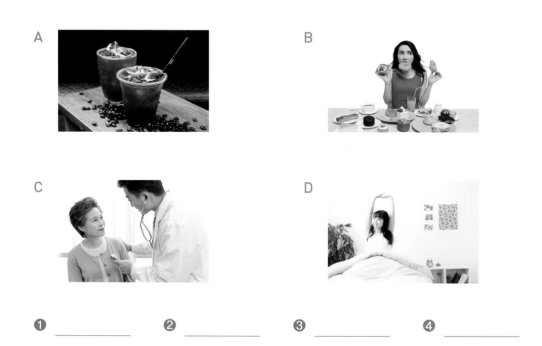

A

B

C

D

❶ _____ ❷ _____ ❸ _____ ❹ _____

2 단어 찾기 · 다음 〈보기〉 중에서 빈칸에 들어갈 알맞은 것을 고르세요.

보기   多   有点儿   一点儿   得

❶ 妈妈告诉儿子要_____喝牛奶。

❷ 我_____忙，不能跟你一起去看电影。

❸ 我不用去医院，吃_____药就行。

❹ 她弹吉他弹_____很好。

3 도전! 스피킹 · 그림을 보고 대화를 완성해 보세요.

❶

A 他跑得怎么样?

B _____。

❷

少

A 我最近胃不太好。

B _____。

4 쓰기 내공 쌓기 · 주어진 표현을 활용하여 다음 문장을 중국어로 써보세요.

❶ 나는 눈이 좀 아프다. (有点儿)

➡ _____

❷ 그는 (옷을) 잘 입는다. (得)

➡ _____

❸ 당신은 TV 보지 말고, 잘 쉬어야 한다. (好好儿)

➡ _____

문화 PLUS⁺

중국의 차 문화에 대해 알아봐요.

중국차는 5천여 년의 역사가 있으며 처음에는 약으로 마셨어요. 전설에 따르면 황제 신농(神农 Shénnóng)이 인간에게 필요한 약초를 찾으며 모든 풀들을 일일이 먹어 보다가 하루에도 수십 번씩 독초에 중독되었는데 그때마다 찻잎으로 해독했다고 해요. 그러면서 차를 마시기 시작했다는 전설로 보아 그만큼 중국차의 역사가 오래되었고 약차로 시작되었다는 것을 알 수 있어요.

지금도 중국 사람들은 차 마시는 것을 매우 좋아해요. 그래서 중국에서는 어딜 가도 따뜻한 물을 쉽게 구할 수 있어요. 중국의 찻잎은 세계적으로도 유명한데 찻잎 종류만 수천여 종이고, 시중에서 쉽게 볼 수 있는 차도 백여 종에 이른다고 해요.

중국차는 발효에 따라 녹차(绿茶 lǜchá), 황차(黄茶 huángchá), 백차(白茶 báichá), 청차(青茶 qīngchá), 홍차(红茶 hóngchá), 흑차(黑茶 hēichá) 이렇게 여섯 종류로 나눌 수 있어요. 녹차는 불발효, 황차와 백차는 약간 발효, 청차는 부분 발효, 홍차는 완전 발효한 것이고, 흑차가 가장 발효가 많이 된 차예요. 흑차에서 가장 유명한 차가 바로 보이차(普洱茶 pǔ'ěrchá)예요.

普洱茶 pǔ'ěrchá

chapter 08

一个星期练三次瑜伽。

Yí ge xīngqī liàn sān cì yújiā.

일주일에 세 번 요가를 해요.

Dialogue & Text	Grammar	Culture
회화 운동에 대해 말하기 본문 야구 경기장에 가다	1. 比 비교문 2. 동량보어	중국인의 건강 관리 비법에 대해 알아봐요.

主要句子 Key Expressions

■ 주요 문장을 따라 읽으며 중국어의 뼈대를 다지세요.

track **08-1**

01 비교 표현을 말할 때

你 比 以前 瘦了 。 Nǐ bǐ yǐqián shòu le. 당신은 예전보다 살이 빠졌네요.

我家 우리 집	他家 그의 집	近 가깝다
wǒ jiā	tā jiā	jìn
飞机 비행기	火车 기차	快 빠르다
fēijī	huǒchē	kuài

02 동작의 횟수를 말할 때

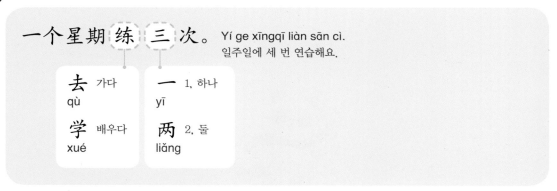

一个星期 练 三 次。 Yí ge xīngqī liàn sān cì.
일주일에 세 번 연습해요.

去 가다	一 1, 하나
qù	yī
学 배우다	两 2, 둘
xué	liǎng

03 '아주 ～하다'를 표현할 때[긍정]

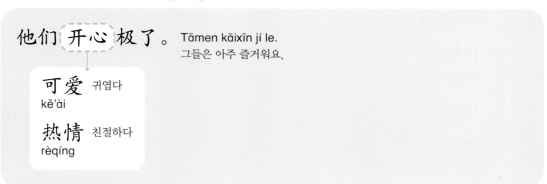

他们 开心 极了。 Tāmen kāixīn jí le.
그들은 아주 즐거워요.

| 可爱 귀엽다 |
| kě'ài |
| 热情 친절하다 |
| rèqíng |

生词 words

track **08-2**

■ 새로 나온 단어를 따라 읽으며 익혀 보세요.

会话

- ☐☐ **比** bǐ 〈개〉 ~보다, ~에 비해
- ☐☐ **以前** yǐqián 〈명〉 이전, 예전
- ☐☐ **瘦** shòu 〈형〉 마르다
- ☐☐ **练** liàn 〈동〉 연습하다, 단련하다
- ☐☐ **瑜伽** yújiā 〈명〉 요가
- ☐☐ **次** cì 〈양〉 번, 차례
- ☐☐ **跑步** pǎobù 〈동〉 달리다
- ☐☐ **健身房** jiànshēnfáng 〈명〉 헬스클럽

课文

- ☐☐ **棒球** bàngqiú 〈명〉 야구
- ☐☐ **迷** mí 〈명〉 애호가, 팬
- ☐☐ **经常** jīngcháng 〈부〉 자주
- ☐☐ **棒球场** bàngqiúchǎng 〈명〉 야구장
- ☐☐ **比赛** bǐsài 〈명〉 경기, 시합
- ☐☐ **喊** hǎn 〈동〉 외치다, 큰 소리로 부르다
- ☐☐ **加油** jiāyóu 〈동〉 힘을 내다, 파이팅
- ☐☐ **极了** jí le 극히, 매우
- ☐☐ **压力** yālì 〈명〉 스트레스, 압력

track **08-3**

단어 Plus +
운동

羽毛球
yǔmáoqiú
배드민턴

乒乓球
pīngpāngqiú
탁구

网球
wǎngqiú
테니스

高尔夫球
gāo'ěrfūqiú
골프

track 08-4

\#샤오팅과 다영이 운동에 대해 이야기하고 있어요.

小婷
Xiǎotíng
你比以前瘦了。
Nǐ bǐ yǐqián shòu le.

多英
Duōyīng
真的吗？我最近开始练瑜伽了。
Zhēnde ma? Wǒ zuìjìn kāishǐ liàn yújiā le.

小婷
Xiǎotíng
是吗？你一个星期练几次？
Shì ma? Nǐ yí ge xīngqī liàn jǐ cì?

多英
Duōyīng
一个星期练三次瑜伽，还有跑步。
Yí ge xīngqī liàn sān cì yújiā, hái yǒu pǎobù.

小婷
Xiǎotíng
你在哪家健身房练？
Nǐ zài nǎ jiā jiànshēnfáng liàn?

多英
Duōyīng
就在地铁站附近的健身房。
Jiù zài dìtiězhàn fùjìn de jiànshēnfáng.

我觉得那家不错。
Wǒ juéde nà jiā búcuò.

说一说 Speaking

스피킹 도전! 다음 질문에 대답해 보세요.

❶ A 小婷觉得多英怎么样?
　　 Xiǎotíng juéde Duōyīng zěnmeyàng?

　　 B _____。

❷ A 多英一个星期练几次瑜伽?
　　 Duōyīng yí ge xīngqī liàn jǐ cì yújiā?

　　 B _____。

❸ A 你去健身房吗? 一个星期去几次?
　　 Nǐ qù jiànshēnfáng ma? Yí ge xīngqī qù jǐ cì?

　　 B _____。

중국 엿보기

태극권(太极拳)

태극권(太极拳 tàijíquán)은 중국의 가장 대중적인 전통 무술로, 중국에서는 이른 아침에 공원에서 태극권을 연습하는 사람들을 많이 볼 수 있어요. 태극권은 유연하고 완만한 동작으로 기를 모아 온몸의 혈액 순환을 원활하게 해주고 오장육부를 강화시키는 것이 특징이에요. 정신 건강, 신체 단련 등의 효과가 널리 알려지면서 전 세계에 보급되었어요. 중국의 대학에서는 체육 필수 과목으로 가르치기도 해요.

课文 Text

야구 경기장에 가다

东建是个棒球迷❶。 他经常跟朋友一起去棒球场。 他们
Dōngjiàn shì ge bàngqiúmí. Tā jīngcháng gēn péngyou yìqǐ qù bàngqiúchǎng. Tāmen

一边看比赛, 一边喊加油, 开心极了❷。 一个月去几次棒球场,
yìbiān kàn bǐsài, yìbiān hǎn jiāyóu, kāixīn jí le. Yí ge yuè qù jǐ cì bàngqiúchǎng,

东建觉得工作压力都没有了。
Dōngjiàn juéde gōngzuò yālì dōu méiyǒu le.

스피킹 표현 Tip

❶ 迷는 '애호가', '팬'이라는 뜻으로 명사 뒤에 쓰여 어떤 분야에 열광하는 사람을 나타내요.

❷ 「형용사+极了」형식은 '아주 ~하다'라는 의미로 정도가 심함을 나타내요.

读和说 Reading&Speaking

읽고 말하기! 본문 내용을 참고하여, 알맞은 답을 고른 후 대화로 연습해 보세요.

❶ 东建跟朋友在棒球场里做什么？

Dōngjiàn gēn péngyou zài bàngqiúchǎng li zuò shénme?

A 边看棒球边喊加油　biān kàn bàngqiú biān hǎn jiāyóu

B 边看棒球边吃东西　biān kàn bàngqiú biān chī dōngxi

❷ 经常去棒球场后，东建觉得怎么样？

Jīngcháng qù bàngqiúchǎng hòu, Dōngjiàn juéde zěnmeyàng?

A 有压力了　yǒu yālì le

B 没有压力　méiyǒu yālì

스피킹 도전! 다음 표현을 사용하여 말해 보세요.

❶ 足球迷 / 看足球比赛
购物狂 / 逛街

我是个 _____ ，我经常跟朋友一起去 _____ 。
Wǒ shì ge　　　　　　　　　wǒ jīngcháng gēn péngyou yìqǐ qù

❷ 健身房 / 压力
KTV / 烦恼

一个星期去几次 _____ ，我觉得 _____ 都没有了。
Yí ge xīngqī qù jǐ cì　　　　　wǒ juéde　　　　dōu méiyǒu le.

New 단어 购物狂 gòuwùkuáng 명 쇼핑 중독자 | KTV 명 노래방 | 烦恼 fánnǎo 명 번뇌, 걱정

语法

1 比 비교문

❶ 개사 比는「A+比+B+형용사」형식으로 쓰여 'A는 B보다 ~하다'라는 의미를 나타낸다. 부정형은 보통 没有를 써서 'A는 B만큼 ~하지 않다'라는 의미를 나타낸다.

> **긍정문**   A + 比 + B + 형용사

汉语比英语难。 중국어는 영어보다 어렵다.
Hànyǔ bǐ Yīngyǔ nán.

> **부정문**   A + 没有 + B + 형용사

英语没有汉语难。 영어는 중국어만큼 어렵지 않다.
Yīngyǔ méiyǒu Hànyǔ nán.

❷ 比 비교문에서 정도를 나타낼 때는 정도부사 更(gèng 더욱), 还(hái 더)를 사용할 수 있으나, 很, 非常, 太와 같은 부사는 사용할 수 없다.

他比我还高。 그는 나보다 키가 더 크다.   这个比那个更好吃。 이것은 그것보다 더 맛있다.
Tā bǐ wǒ hái gāo.   Zhège bǐ nàge gèng hǎochī.

> **체크체크** 다음 문장을 바르게 고치세요.
>
> ❶ 弟弟比我很高。   → _____
>
> ❷ 今天没有比昨天冷。   → _____

2 동량보어

❶ 동사 뒤에「수사+동량사」형식으로 쓰여 동작의 횟수를 나타내는 보어를 '동량보어'라 한다.

동량사	의미	예문
次 cì	번, 차례 : 일반적인 동작의 반복 횟수	我吃过一次中国菜。 Wǒ chīguo yí cì Zhōngguó cài. 나는 중국요리를 한 번 먹어 본 적이 있다.

遍 biàn	번, 회 : 동작의 처음부터 끝까지 전 과정의 완성 횟수	我看了一遍这本书。 Wǒ kànle yí biàn zhè běn shū . 나는 이 책을 한 번 읽었다.
趟 tàng	번, 차례 : 사람이나 차의 왕래하는 횟수	上周我去过上海一趟。 Shàngzhōu wǒ qùguo Shànghǎi yí tàng. 지난주 나는 상하이에 한 번 갔다왔다.

❷ 동량보어는 목적어에 따라 위치가 달라진다.

> 동사 + 동량보어 + 일반 명사 목적어

他今天打了五次电话。 그는 오늘 전화를 다섯 번 했다.
Tā jīntiān dǎle wǔ cì diànhuà.

> 동사 + 대명사 목적어 + 동량보어

我见过他一次。 나는 그를 한 번 만난 적이 있다.
Wǒ jiànguo tā yí cì.

> **Tip**
> 목적어가 인명, 지명일 때에는 '동량보어' 앞뒤에
> 모두 올 수 있어요.
> 我去过两次北京。 나는 베이징에 두 번 가봤다.
> Wǒ qùguo liǎng cì Běijīng.
> (= 我去过北京两次。 Wǒ qùguo Běijīng liǎng cì.)

체크 체크 제시된 단어를 배열하여 문장을 완성하세요.

❶ 一个 / 喝 / 两次 / 星期 / 酒 → _____
　　　　　　　　　　　　　　　　　　일주일에 술을 두 번 마신다.

❷ 我今天 / 三次 / 找了 / 他 → _____
　　　　　　　　　　　　　　　　　　나는 오늘 그를 세 번 찾았다.

❸ 我 / 一趟 / 老家 / 回了 → _____
　　　　　　　　　　　　　　　　　　나는 고향을 한 번 갔다왔다.

New 단어 英语 Yīngyǔ 몡 영어 | 难 nán 혱 어렵다 | 老家 lǎojiā 몡 고향

track **08-6**

1 문장 듣기 · 녹음을 듣고 내용과 일치하는 사진을 고르세요.

A

B

C

D

❶ _____ ❷ _____ ❸ _____ ❹ _____

2 단어 찾기 · 다음 〈보기〉 중에서 빈칸에 들어갈 알맞은 것을 고르세요.

〔보기〕 比　极了　一遍　迷

❶ 请再说_____。

❷ 羊肉串儿_____饺子还好吃。

❸ 他是个电影_____。

❹ 听到这个好消息，他高兴_____。

3 도전! 스피킹 · 그림을 보고 대화를 완성해 보세요.

❶

A 你一个月去几次中国?

B _____ 。

❷

极了

A 这件衣服怎么样?

B _____ 。

4 쓰기 내공 쌓기 · 주어진 표현을 활용하여 다음 문장을 중국어로 써보세요.

❶ 나는 일주일에 한 번 축구를 한다. (次)

➡ _____

❷ 이것은 저것보다 더 싸다. (比)

➡ _____

❸ 나는 오늘 친구와 놀이공원에 갔는데, 아주 즐거웠다. (极了)

➡ _____

New 단어 消息 xiāoxi 몡 소식

문화 PLUS⁺

중국인들은 신체 단련을 위해 다양한 체육 활동을 즐겨요. 중국의 공원이나 광장 같은 곳에 가면 태극권, 광장춤(广场舞 guǎngchǎngwǔ), 공죽(空竹 kōngzhú), 유력구(柔力球 róulìqiú), 부채춤(扇子舞 shànziwǔ), 탁구 등의 체육 활동을 즐기는 사람들을 흔히 볼 수 있어요.

공죽은 대나무로 만든 장구 모양의 공을 줄에 연결해서 공을 움직이는 놀이로, 요즘에는 대나무 대신 플라스틱 공을 많이 사용해요. 유력구는 태극권 동작을 기초로 테니스 라켓 같이 생긴 라켓과 고무 재질의 공으로 하는 운동이에요.

또한 눈 건강 관리를 위해 중국 학교에서는 매일 '눈 체조(眼保健操 yǎnbǎo jiàncāo)'를 해요. 눈 체조는 눈 주위의 혈을 마사지해서 눈의 피로를 풀어 주고, 눈과 머리의 혈액 순환을 도와 줘요. 1972년 중국국가 교육위원회에서 초등학생은 매일 2회 실시하도록 지정하여 눈 체조 안내 방송이 나오면 학생들은 앉아서 눈 체조를 해요.

空竹 kōngzhú

柔力球 róulìqiú

扇子舞 shànziwǔ

你在做什么菜呢?

Nǐ zài zuò shénme cài ne?

당신은 무슨 요리를 하고 있어요?

Dialogue & Text

회화 식사 초대하기

본문 유명한 중국
음식점에 가다

Grammar

1. 是…的

2. 别

3. 동태조사 着

Culture

중국의 마라요리에
대해 알아봐요.

主要句子 Key Expressions

track 09-1

■ 주요 문장을 따라 읽으며 중국어의 뼈대를 다지세요.

01 강조 표현을 말할 때

我们是 打车来 的。 Wǒmen shì dǎchē lái de.
우리는 택시를 타고 왔어요.

上个月来 지난달에 오다
shàng ge yuè lái

从上海来 상하이에서 오다
cóng Shànghǎi lái

02 금지나 권유의 표현을 말할 때

别 站着 了, 快 坐 吧! Bié zhànzhe le, kuài zuò ba!
서있지 말고, 어서 앉으세요!

坐着 앉아 있다
zuòzhe

躺着 누워 있다
tǎngzhe

走 가다
zǒu

起床 일어나다
qǐchuáng

03 상태의 지속을 표현할 때

有几个人 在门口 等 着。 Yǒu jǐ ge rén zài ménkǒu děngzhe.
몇 사람이 입구에서 기다리고 있어요.

一个学生 학생 한 명
yí ge xuésheng

一只猫 고양이 한 마리
yì zhī māo

站 서다
zhàn

趴 엎드리다
pā

生词 words

■ 새로 나온 단어를 따라 읽으며 익혀 보세요.

会话

☐☐ **欢迎** huānyíng 图 환영하다

☐☐ **快** kuài 图 빨리, 어서 图 빠르다

☐☐ **打车** dǎchē 图 택시를 타다

☐☐ **别** bié 图 ~하지 마라

☐☐ **站** zhàn 图 서다

☐☐ **着** zhe 图 ~한 채로 있다, ~하고 있다

☐☐ **坐** zuò 图 앉다

☐☐ **香** xiāng 图 향기롭다, (음식이) 맛있다

☐☐ **希望** xīwàng 图 희망하다, 바라다

☐☐ **担心** dānxīn 图 걱정하다

☐☐ **爱** ài 图 사랑하다, ~하기를 좋아하다

课文

☐☐ **辣** là 图 맵다

☐☐ **最** zuì 图 가장, 제일

☐☐ **麻辣香锅** málà xiāngguō
　　　　　 图 마라샹궈[음식명]

☐☐ **带** dài 图 데리다, 가지다

☐☐ **有名** yǒumíng 图 유명하다

☐☐ **时候** shíhou 图 때, 동안

☐☐ **半天** bàntiān 수량 한참 동안

☐☐ **不过** búguò 图 그런데, 그러나

단어 Plus +
맛

酸
suān
시다

甜
tián
달다

苦
kǔ
쓰다

咸
xián
짜다

会话 Dialogue

샤오팅이 친구들을 집으로 초대했어요.

小婷
Xiǎotíng
欢迎欢迎! 快进来吧! 你们是怎么来的?
Huānyíng huānyíng! Kuài jìnlai ba! Nǐmen shì zěnme lái de?

东建
Dōngjiàn
我们是打车来的。
Wǒmen shì dǎchē lái de.

小婷
Xiǎotíng
你们别站着了, 快坐吧!
Nǐmen bié zhànzhe le, kuài zuò ba!

东建
Dōngjiàn
谢谢。 你在做什么菜呢? 真香啊!
Xièxie. Nǐ zài zuò shénme cài ne? Zhēn xiāng a!

小婷
Xiǎotíng
我正在做中国菜呢, 希望你们喜欢。
Wǒ zhèngzài zuò Zhōngguó cài ne, xīwàng nǐmen xǐhuan.

东建
Dōngjiàn
别担心, 我们都爱❶吃中国菜。
Bié dānxīn, wǒmen dōu ài chī Zhōngguó cài.

스피킹 표현 Tip

❶ 爱는 원래 '사랑하다'라는 뜻이지만, 「爱+동사(+목적어)」 형식으로 쓰이면 '~하기를 아주 좋아하다', '~을 즐겨 하다'라는 의미를 나타내요.

说一说 Speaking

스피킹 도전! 다음 질문에 대답해 보세요.

❶ A 东建是怎么去小婷家的?

Dōngjiàn shì zěnme qù Xiǎotíng jiā de?

B _____ 。

❷ A 小婷在做什么菜?

Xiǎotíng zài zuò shénme cài?

B _____ 。

❸ A 你去朋友家吃过饭吗?

Nǐ qù péngyou jiā chīguo fàn ma?

B _____ 。

중국식 집밥(家常菜)

우리가 집에서 자주 만들어 먹는 음식을 집밥이라고 하듯이 중국어로
는 家常菜(jiāchángcài)라는 표현을 써요. 중국 사람들은 날 것을 잘 먹
지 않는 식습관이 있다 보니 보통 중국식 집밥은 볶음요리가 많은 편이
고, 거기에 탕이 하나씩 추가되기도 해요. 대표적인 중국식 집밥 요리는
西红柿炒鸡蛋(xīhóngshì chǎo jīdàn 토마토 달걀볶음), 炒土豆丝(chǎo
tǔdòu sī 감자채 볶음), 地三鲜(dìsānxiān 가지 감자 고추볶음), 红烧肉
(hóngshāoròu 간장 고기찜) 등이 있어요.

课文 Text

유명한 중국 음식점에 가다

小婷爱吃辣的，　她最喜欢吃麻辣香锅。　今天东建带❶她
Xiǎotíng ài chī là de,　tā zuì xǐhuan chī málà xiāngguō.　　Jīntiān Dōngjiàn dài tā

去了一家餐厅。东建说这家非常有名。他们到餐厅的时候，
qùle yì jiā cāntīng.　　Dōngjiàn shuō zhè jiā fēicháng yǒumíng. Tāmen dào cāntīng de shíhou,

有几个人在门口等着。他们等了半天才进去，不过他们吃
yǒu jǐ ge rén zài ménkǒu děngzhe.　Tāmen děngle bàntiān cái jìnqu,　búguò tāmen chī

得很开心。
de hěn kāixīn.

스피킹 표현 **Tip**

❶ 带는 '데리다', '가지다'라는 뜻으로, 「带+대상+동사」 형식으로 쓰이면 '~을 데리고 ~하다'라는 의미
　를 나타내요.

01 읽고 말하기! 본문 내용을 참고하여, 알맞은 답을 고른 후 대화로 연습해 보세요.

❶ 小婷喜欢吃什么?
Xiǎotíng xǐhuan chī shénme?

  A 甜的 tián de

  B 辣的 là de

❷ 他们在餐厅门口等了多长时间?
Tāmen zài cāntīng ménkǒu děngle duō cháng shíjiān?

  A 很长时间 hěn cháng shíjiān

  B 一会儿 yíhuìr

02 스피킹 도전! 다음 표현을 사용하여 말해 보세요.

❶ 朋友 / 棒球场
爸爸 / 海边

今天　　　　　带我去了　　　　　。
Jīntiān　　　　　dài wǒ qùle

❷ 等 / 买到
玩儿 / 去吃饭

他们　　　　　了半天才　　　　　。
Tāmen　　　　　le bàntiān cái

New 단어 海边 hǎibiān 몡 바닷가

语法

1 是…的

「是…的」 형식은 이미 발생한 사건이나 특정 동작이 발생한 시간, 장소, 방식, 목적, 대상 등을 강조할 때 쓴다. 是는 생략할 수 있지만, 주어가 这나 那일 경우에는 생략할 수 없다.

긍정문 他(是)昨天来的。 그는 어제 왔다.
Tā (shì) zuótiān lái de.

부정문 我不是来找你的。 나는 너를 찾아온 게 아니야.
Wǒ bú shì lái zhǎo nǐ de.

> **Tip**
> 부정형은 是를 생략할 수 없어요.

의문문 这是在哪儿买的? 이건 어디에서 산 거니?
Zhè shì zài nǎr mǎi de?

> ✓ **체크 체크** 「是…的」 형식을 사용하여 다음 문장의 밑줄 친 부분을 강조한 문장으로 바꾸세요.
>
> ❶ 我从美国来。 → _____
>
> ❷ 他坐地铁回去。 → _____

2 别

别는 동사 앞에 쓰여 '~하지 마라'는 의미로 금지를 나타내며, 종종 문장 끝에 了를 쓴다.

> 别 + 동사 (+ 了)

别担心，我陪你去。 걱정하지 마세요. 제가 모시고 갈게요.
Bié dānxīn, wǒ péi nǐ qù.

> **Tip**
> 别와 不要는 의미는 같지만, 不要가 명령의 어감이 더 강해요.

这件衣服太贵了，别买了。 이 옷은 너무 비싸니 사지 마.
Zhè jiàn yīfu tài guì le, bié mǎi le.

> ✓ **체크 체크** 제시된 단어를 배열하여 문장을 완성하세요.
>
> ❶ 在下雨 / 今天 / 出去 / 外边 / 别 / 了 → _____
> 밖에 비가 오고 있으니, 오늘은 나가지 마!
>
> ❷ 别 / 你们 / 等 / 先吃 / 我 / 吧 → _____
> 나 기다리지 말고, 너희들 먼저 먹어!

3 동태조사 着

❶ 着는 동사 뒤에 쓰여 동작이나 상태가 지속됨을 나타낸다. 부정형은 동사 앞에 没(有)를 쓴다.

> 동사 + 着 (+ 목적어)

有的人站着，有的人坐着。 어떤 사람은 서있고, 어떤 사람은 앉아 있다.
Yǒude rén zhànzhe, yǒude rén zuòzhe.

爷爷看着电视。 할아버지가 텔레비전을 보고 계신다.
Yéye kànzhe diànshì.

他没有躺着。 그는 누워 있지 않다.
Tā méiyǒu tǎngzhe.

❷ 연동문에서 첫 번째 동사 뒤에 着가 있으면 「동사+着」의 상태나 동작의 방식을 나타낸다.

我们走着去医院。 우리는 걸어서 병원에 간다.
Wǒmen zǒuzhe qù yīyuàn.

他们在站着聊天呢。 그들은 서서 이야기하고 있다.
Tāmen zài zhànzhe liáotiān ne.

> **Tip**
> 着는 부사 正, 正在, 在와 함께 사용되면 동작이나 행위가 현재 진행됨을 나타내며, 끝에 어기조사 呢를 쓸 수 있어요.

 체크 체크 着가 들어갈 알맞은 위치를 고르세요.

❶ 妈妈　A　在房间里　B　坐　C　。

❷ 我正　A　吃　B　水果　C　呢。

New 단어　陪 péi 〔동〕 모시다, 동반하다 ｜ 下雨 xiàyǔ 〔동〕 비가 오다, 비가 내리다 ｜ 有的 yǒude 〔대〕 어떤 것, 어떤 사람

1 문장 듣기 · 녹음을 듣고 내용과 일치하는 사진을 고르세요.

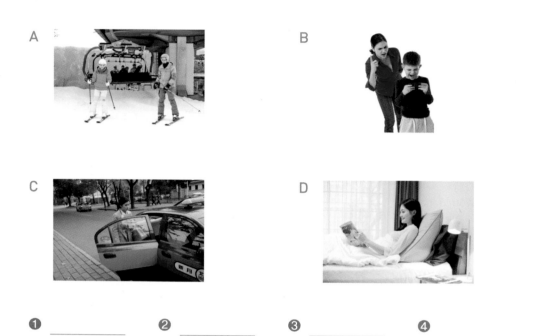

A

B

C

D

❶ _____ ❷ _____ ❸ _____ ❹ _____

2 단어 찾기 · 다음 〈보기〉 중에서 빈칸에 들어갈 알맞은 것을 고르세요.

> 보기 别 着 时候 爱

❶ 我下班的_____，公司里还有几个人。

❷ _____睡了，快起床吧!

❸ 我_____喝咖啡，每天都喝三杯咖啡。

❹ 下雨了，我跑_____回家。

3 도전! 스피킹 · 그림을 보고 대화를 완성해 보세요.

❶

A 你是怎么来公司的?

B _____。

❷

别

A _____!

B 知道了。

4 쓰기 내공 쌓기 · 주어진 표현을 활용하여 다음 문장을 중국어로 써보세요.

❶ 그는 누워서 텔레비전을 보고 있다. (着)

➡ _____

❷ 나는 아들을 데리고 영화관에 갔다. (带)

➡ _____

❸ 이것은 백화점에서 샀다. (是…的)

➡ _____

chapter 09 你在做什么菜呢? 129

문화 PLUS+

중국의 마라요리에 대해 알아봐요.

요즘 우리나라에서는 마라탕(麻辣烫 málàtàng)과 같은 중국의 마라(麻辣) 맛으로 만든 요리들을 흔히 볼 수 있어요. 마라는 사천요리에 자주 쓰는 맛의 하나로 얼얼한 맛(麻 má)과 매운 맛(辣 là)을 동시에 느낄 수 있는 맛이에요. 얼얼한 맛은 화초(花椒 huājiāo, 산초나무의 열매)를 사용하고, 매운 맛은 매운 고추(辣椒 làjiāo)를 사용해요. 마라의 정도에 따라 약간 매운 맛(微辣 wēilà), 중간 매운 맛(中辣 zhōnglà), 아주 매운 맛(重辣 zhònglà)으로 나눠 맵기를 조절하기도 해요. 마라는 얼얼하고 매운 맛을 한번에 느끼다 보니 처음 먹는 사람은 바로 적응하긴 힘들지만, 중독성이 있어서 매운 음식을 좋아하는 우리나라 사람들에게 점점 인기가 많아지고 있어요.

대표적인 마라요리로는 마라탕(麻辣烫 málàtàng), 마라샹궈(麻辣香锅 málà xiāngguō), 마라샤오룽샤(麻辣小龙虾 málà xiǎolóngxiā), 쉐이주러우(水煮肉 shuǐzhǔròu) 등이 있어요. 마라탕은 여러 종류가 있지만 보통 각종 채소나 고기 등 원하는 재료를 담아 무게에 따라 계산한 뒤 마라 육수에 데치듯이 한 번 끓여 내어 먹는 방식과 꼬치를 샤브샤브처럼 끓는 육수에 담궈서 익혀 먹는 방식으로 많이 먹어요. 마라샹궈는 채소나 고기 등 원하는 재료에 마라소스를 넣고 볶은 요리예요. 마라샤오룽샤는 민물가재(小龙虾 xiǎolóngxiā)를 마라소스와 여러 가지 중국 향신료로 볶아 낸 요리인데요. 센 불에 빨리 볶아 내어 향과 식감이 살아 있는 것이 특징이에요. 쉐이주러우는 채소와 고기를 각각 따로 양념해서 볶은 뒤 마라소스와 물을 넣고 탕처럼 끓인 요리예요. 고기 대신 생선을 넣으면 쉐이주위(水煮鱼 shuǐzhǔyú)라고 해요.

麻辣烫 málàtàng

麻辣香锅 málà xiāngguō

麻辣小龙虾 málà xiǎolóngxiā

水煮肉 shuǐzhǔròu

chapter 10

春天越来越短了。

Chūntiān yuè lái yuè duǎn le.
봄이 점점 짧아져요.

Dialogue & Text

회화 계절에 대해 말하기
본문 편의점에서 비를 피하다

Grammar

1. 越来越
2. 조동사 该
3. 부사 只好

Culture

하얼빈의 겨울에 대해 알아봐요.

track **10-1**

■ 주요 문장을 따라 읽으며 중국어의 뼈대를 다지세요.

01 '점점 ~하다'는 표현을 말할 때

春天 越来越 短 了。 Chūntiān yuè lái yuè duǎn le.
봄이 점점 짧아져요.

天气 날씨
tiānqì

热 덥다
rè

他 그는
tā

年轻 젊다
niánqīng

02 '어떻게 해야 할지 모르겠다'는 표현을 말할 때

真不知道 夏天该怎么过 ! Zhēn bù zhīdào xiàtiān gāi zěnme guò!
여름을 어떻게 보내야 할지 정말 모르겠어요!

汉语该怎么学 중국어를 어떻게 공부해야 할까
Hànyǔ gāi zěnme xué

考试该怎么准备 시험을 어떻게 준비해야 할까
kǎoshì gāi zěnme zhǔnbèi

03 부득이한 상황을 말할 때

他只好 等着雨停 。 Tā zhǐhǎo děngzhe yǔ tíng.
그는 할 수 없이 비가 그치길 기다리고 있어요.

买新车 새차를 사다
mǎi xīnchē

吃方便面 라면을 먹다
chī fāngbiànmiàn

生词 words

■ 새로 나온 단어를 따라 읽으며 익혀 보세요.

会话

- 热 rè 형 덥다
- 开 kāi 동 켜다, 틀다, 열다
- 空调 kōngtiáo 명 에어컨
- 来 lái 동 (동사 앞에서) 동작을 실행하고자 하는 강한 의지를 표현함
- 春天 chūntiān 명 봄
- 越来越 yuè lái yuè 갈수록, 점점 더
- 短 duǎn 형 짧다
- 夏天 xiàtiān 명 여름
- 而且 érqiě 접 게다가, 또한
- 该 gāi 조동 (마땅히) ~해야 하다
- 怕 pà 동 두렵다, 무섭다

课文

- 下雨 xiàyǔ 동 비가 오다, 비가 내리다
- 雨 yǔ 명 비
- 天 tiān 명 하늘, 날씨
- 晴 qíng 형 (하늘이) 맑다
- (雨)伞 (yǔ)sǎn 명 우산
- 出门 chūmén 동 외출하다
- 下午 xiàwǔ 명 오후
- 便利店 biànlìdiàn 명 편의점
- 突然 tūrán 부 갑자기
- 只好 zhǐhǎo 부 할 수 없이, 어쩔 수 없이
- 停 tíng 동 멈추다, 그치다

track **10-3**

단어 Plus +
날씨

阴
yīn
흐리다

下雪
xiàxuě
눈이 내리다

刮风
guāfēng
바람이 불다

打雷
dǎléi
천둥이 치다

会话 Dialogue

＃사무실에서 동건과 혜진이 계절에 대해 이야기하고 있어요.

东建
Dōngjiàn
今天怎么这么热?
Jīntiān zěnme zhème rè?

惠珍
Huìzhēn
是啊，热死了。 我们开空调吧。
Shì a, rèsǐ le. Wǒmen kāi kōngtiáo ba.

东建
Dōngjiàn
好的，我来❶开。
Hǎode, wǒ lái kāi.

惠珍
Huìzhēn
这几年春天越来越短了，夏天来得很早。
Zhè jǐ nián chūntiān yuè lái yuè duǎn le, xiàtiān lái de hěn zǎo.

东建
Dōngjiàn
而且夏天越来越热了。
Érqiě xiàtiān yuè lái yuè rè le.

惠珍
Huìzhēn
真不知道今年夏天该怎么过!
Zhēn bù zhīdào jīnnián xiàtiān gāi zěnme guò!

东建
Dōngjiàn
我也是，我很怕热。
Wǒ yě shì, wǒ hěn pà rè.

스피킹 표현 Tip

❶ 来는 다른 동사 앞에 쓰여 그 동작을 적극적으로 하겠다는 강한 의지를 나타내요.

说一说 Speaking

스피킹 도전! 다음 질문에 대답해 보세요.

❶ A 今天天气怎么样?
　　Jīntiān tiānqì zěnmeyàng?

　 B _____ 。

❷ A 惠珍觉得这几年春天怎么样?
　　Huìzhēn juéde zhè jǐ nián chūntiān zěnmeyàng?

　 B _____ 。

❸ A 你喜欢哪个季节?
　　Nǐ xǐhuan nǎge jìjié?

　 B _____ 。

참고
단어
*秋天 qiūtiān 명 가을
*冬天 dōngtiān 명 겨울

New 단어 季节 jìjié 명 계절

중국 엿보기

베이징의 사계절

베이징은 우리나라처럼 사계절이 뚜렷해요. 여름에는 무덥고 비가 많이 와서 고온습윤하고, 평균 기온은 30℃ 정도예요. 겨울에는 기온이 낮고 바람도 많이 불지만 강수량이 적어서 눈은 많이 내리지 않고 한랭건조한 기후예요. 그러나 요즘에는 이상 기후로 인해 폭우나 폭설이 내리기도 해요. 봄에는 황사(沙尘暴 shāchénbào)가 매우 심해서 마스크를 꼭 쓰고 다녀야 해요.

课文 Text

편의점에서 비를 피하다

夏天到了， 天气越来越热了， 而且最近经常下雨。今天
Xiàtiān dào le, tiānqì yuè lái yuè rè le, érqiě zuìjìn jīngcháng xiàyǔ. Jīntiān

早上天很晴，东建没带伞就出门了。下午，他去便利店的
zǎoshang tiān hěn qíng, Dōngjiàn méi dài sǎn jiù chūmén le. Xiàwǔ, tā qù biànlìdiàn de

时候，突然❶下雨了。 外边雨下得越来越大，他只好在便利店
shíhou, tūrán xiàyǔ le. Wàibian yǔ xià de yuè lái yuè dà, tā zhǐhǎo zài biànlìdiàn

等着雨停。
děngzhe yǔ tíng.

스피킹 표현 Tip

❶ 突然은 '갑자기', '문득'의 뜻을 나타내는 부사로 주로 술어 앞에 쓰여요.

例 那个人昨天突然回国了。 그 사람은 어제 갑자기 귀국했다.
    Nàge rén zuótiān tūrán huíguó le.

New 단어 回国 huíguó 통 귀국하다

01 읽고 말하기! 본문 내용을 참고하여, 알맞은 답을 고른 후 대화로 연습해 보세요.

❶ 今天早上的天气怎么样?

Jīntiān zǎoshang de tiānqì zěnmeyàng?

A 晴 qíng

B 下雨了 xiàyǔ le

❷ 东建为什么在便利店等着?

Dōngjiàn wèishénme zài biànlìdiàn děngzhe?

A 没带伞 méi dài sǎn

B 等朋友 děng péngyou

02 스피킹 도전! 다음 표현을 사용하여 말해 보세요.

❶ 冷 / 下雪
奇怪 / 刮风

天气越来越 ____ 了,而且经常 ____。
Tiānqì yuè lái yuè ____ le, érqiě jīngcháng ____。

❷ 下车 / 摔倒
到家 / 停电

他 ____ 的时候,突然 ____ 了。
Tā ____ de shíhou, tūrán ____ le.

New 단어 奇怪 qíguài 형 이상하다 | 摔倒 shuāidǎo 동 넘어지다, 엎어지다 | 停电 tíngdiàn 동 정전되다

语法

1 越来越

越来越는 '갈수록', '점점 더'라는 뜻으로 시간이 갈수록 정도가 심해짐을 나타낸다. 문장 끝에 어기조사 了를 함께 쓰기도 한다.

越来越多的人想去国外工作。 갈수록 많은 사람들이 외국으로 일하러 가고 싶어 한다.
Yuè lái yuè duō de rén xiǎng qù guówài gōngzuò.

雨下得越来越大了。 비가 점점 많이 온다.
Yǔ xià de yuè lái yuè dà le.

✓ 체크 체크   제시된 단어를 배열하여 문장을 완성하세요.

❶ 天气 / 暖和 / 越来越 / 了   → _____

날씨가 점점 더 따뜻해진다.

❷ 漂亮 / 越来越 / 了 / 你   → _____

너는 점점 더 예뻐지는구나.

❸ 小狗 / 多 / 越来越 / 吃得 / 了   → _____

강아지가 점점 더 많이 먹는다.

---

2 조동사 该

该는 조동사로 동사 앞에 쓰여 '(마땅히) ~해야 하다'라는 의미를 나타낸다. 부정형은 不该를 쓴다.

你该好好儿学习。 너는 열심히 공부해야 한다.
Nǐ gāi hǎohāor xuéxí.

都十二点了，你该睡觉了。 벌써 12시가 되었으니, 너는 자야 한다.
Dōu shí'èr diǎn le, nǐ gāi shuìjiào le.

我们不该走这条路。 우리는 이 길로 가면 안 된다.
Wǒmen bù gāi zǒu zhè tiáo lù.

체크 체크 빈칸에 들어갈 알맞은 조동사를 고르세요. ———————————

> 보기   该   会   想

❶ 我不＿＿＿＿做韩国菜。나는 한국 요리를 할 줄 모른다.

❷ 你不＿＿＿＿喝这么多酒。너는 술을 이렇게 많이 마시면 안 된다.

3 부사 只好

只好는 '할 수 없이', '어쩔 수 없이'라는 뜻의 부사로 주로 동사 앞에 쓰여 부득이한 상황을 나타낸다.

> 今天下雨了，我只好在家做作业了。오늘 비가 와서, 나는 할 수 없이 집에서 숙제를 했다.
> Jīntiān xiàyǔ le, wǒ zhǐhǎo zài jiā zuò zuòyè le.

> 家里没有药，她只好去买药了。집에 약이 없어서, 그녀는 할 수 없이 약을 사러 갔다.
> Jiāli méiyǒu yào, tā zhǐhǎo qù mǎi yào le.

체크 체크 只好를 사용하여 다음 문장을 완성하세요. ———————————

❶ 家里没有菜了，我们＿＿＿＿＿＿＿＿＿＿＿＿＿＿＿＿了。
    집에 음식이 없어서, 우리는 어쩔 수 없이 나가서 먹었다.

❷ 今天起床晚了，我＿＿＿＿＿＿＿＿＿＿＿＿＿＿去学校了。
    오늘 늦게 일어나서, 나는 어쩔 수 없이 택시를 타고 학교에 갔다.

New 단어   国外 guówài 몡 외국, 국외 ┃ 都 dōu 뮈 벌써, 이미 ┃ 路 lù 몡 길 ┃ 晚 wǎn 톙 늦다

1 문장 듣기 · 녹음을 듣고 내용과 일치하는 사진을 고르세요.

A

B

C

D

❶ _____ ❷ _____ ❸ _____ ❹ _____

2 단어 찾기 · 다음 〈보기〉 중에서 빈칸에 들어갈 알맞은 것을 고르세요.

〔보기〕 突然　该　来　只好

❶ 自行车坏了，我_____走着回去。

❷ 我_____做饭，你们休息休息吧。

❸ 都八点了，_____吃晚饭了！

❹ 你怎么_____来了？

3 도전! 스피킹 · 그림을 보고 대화를 완성해 보세요.

❶

越来越

A 外边雪下得大吗?

B [   ] 。

❷

只好

A 今天电影院不开门，怎么办?

B [   ] 。

4 쓰기 내공 쌓기 · 주어진 표현을 활용하여 다음 문장을 중국어로 써보세요.

❶ 중국어가 점점 더 재미있다. (越来越)

➡ _____

❷ 내가 집에 도착했을 때, 비가 갑자기 그쳤다. (突然)

➡ _____

❸ 당신은 매일 운동해야 한다. (该)

➡ _____

New 단어 坏 huài 휑 고장 나다, 상하다 | 怎么办 zěnme bàn 어떻게 하지?

문화 PLUS⁺

하얼빈(哈尔滨 Hā'ěrbīn)은 중국의 동북부 지역의 헤이룽장성(黑龙江省 Hēilóngjiāng Shěng)에 있는 도시로, 1909년에 하얼빈역에서 이토 히로부미를 암살한 안중근 의사 하얼빈 의거가 있었던 곳이에요. 하얼빈은 연평균 기온이 5℃ 정도인데, 1월에는 월평균 기온이 −17℃이고, 7월에는 월평균 기온이 23℃ 정도로 연교차가 거의 40℃ 정도 나요. 특히 한겨울에는 너무 추워서 문을 열고 나가는 순간 눈, 코, 입이 모두 얼어 버리는 느낌이 들고, 추운 날에는 눈물이 나거나 콧물이 나도 나오는 순간 바로 얼어 버려요. 그래서 핸드폰도 충전이 안 되거나 동영상 촬영 도중 꺼지기도 해요.

이런 하얼빈의 겨울 날씨 덕분에 매년 1월 5일에 세계적인 규모의 겨울 축제인 '빙설제(冰雪节 Bīngxuě Jié)'가 열려요. 빙설제는 얼음 등불 축제(冰灯节 Bīngdēng Jié)와 눈 조각 축제(冰雪节 Bīngxuě Jié)로 나뉘는데, 얼음과 눈을 조각해서 만든 다양한 예술품들이 전시돼요. 축제 기간 동안 하얼빈 전역이 얼음 조각의 전시장이 되어 '얼음의 도시'라고도 불려요. 마치 겨울왕국에 온 듯한 느낌을 준답니다. 1999년 하얼빈 시 정부는 빙설제를 더욱 발전시키기 위해 대규모의 테마파크 '빙설대세계(冰雪大世界 Bīngxuě Dà Shìjiè)'를 조성했어요. 빙설대세계는 얼음 미끄럼틀이 있어서 직접 타볼 수도 있고, 스키, 수영, 썰매, 스노 카트 운전, 빙산 등반 등 다양한 겨울 야외 활동도 즐길 수 있어요.

chapter 11

我打算去江原道旅游。

Wǒ dǎsuàn qù Jiāngyuán Dào lǚyóu.

나는 강원도에 여행 갈 계획이에요.

主要句子 Key Expressions

■ 주요 문장을 따라 읽으며 중국어의 뼈대를 다지세요.

01 계획을 말할 때

我打算去 江原道 旅游 。 Wǒ dǎsuàn qù Jiāngyuán Dào lǚyóu.
나는 강원도로 여행을 갈 계획이에요.

加拿大 캐나다
Jiānádà

英国 영국
Yīngguó

留学 유학하다
liúxué

出差 출장하다
chūchāi

02 '～에게 ～하게 하다' 표현을 말할 때

妹妹 让我 买上海的纪念品 。 Mèimei ràng wǒ mǎi Shànghǎi de jìniànpǐn.
여동생이 나에게 상하이의 기념품을 사오라고 했어요.

妈妈 엄마
māma

爸爸 아빠
bàba

打扫房间 방을 청소하다
dǎsǎo fángjiān

学习 공부하다
xuéxí

03 추측을 말할 때

她一定会 喜欢 的。 Tā yídìng huì xǐhuan de.
그녀는 분명히 좋아할 거예요.

满意 만족하다
mǎnyì

失望 실망하다
shīwàng

生词 words

■ 새로 나온 단어를 따라 읽으며 익혀 보세요.

会话

☐☐ 暑假 shǔjià 명 여름 방학, 여름휴가

☐☐ 打算 dǎsuàn 명 생각, 계획
　　　　　　　동 ~할 계획이다

☐☐ 旅游 lǚyóu 동 여행하다

☐☐ 风景 fēngjǐng 명 풍경

☐☐ 美 měi 형 아름답다

☐☐ 美食 měishí 명 맛있는 음식

☐☐ 别 bié 형 다른

☐☐ 出差 chūchāi 동 출장하다

☐☐ 那 nà 접 그러면, 그렇다면

☐☐ 江原道 Jiāngyuán Dào 고유 강원도

☐☐ 上海 Shànghǎi 고유 상하이

☐☐ 田子坊 Tiánzǐfāng 고유 톈쯔팡, 전자방

课文

☐☐ 最后 zuìhòu 명 최후, 마지막

☐☐ 特色 tèsè 명 특색, 특징
　　　　　　 형 독특하다, 특색 있다

☐☐ 小店 xiǎodiàn 명 작은 가게

☐☐ 让 ràng 동 ~하게 하다, ~하도록 시키다

☐☐ 纪念品 jìniànpǐn 명 기념품

☐☐ 礼物 lǐwù 명 선물

☐☐ 想 xiǎng 동 생각하다, ~라고 여기다

☐☐ 一定 yídìng 부 반드시, 꼭

☐☐ 会 huì 조동 ~할 것이다

단어 Plus +
여행

背包旅行
bēibāo lǚxíng
배낭여행

蜜月旅行
mìyuè lǚxíng
신혼여행

野营
yěyíng
캠핑하다

郊游
jiāoyóu
(교외로) 소풍 가다

track 11-4

#동건과 샤오팅이 통화하며 여행 계획에 대해 이야기하고 있어요.

东建
Dōngjiàn
暑假了，你有什么打算吗？
Shǔjià le, nǐ yǒu shénme dǎsuàn ma?

小婷
Xiǎotíng
我打算去江原道旅游。
Wǒ dǎsuàn qù Jiāngyuán Dào lǚyóu.

东建
Dōngjiàn
那里的风景很美，美食也很多。
Nàli de fēngjǐng hěn měi, měishí yě hěn duō.

小婷
Xiǎotíng
别的朋友也这么说。
Bié de péngyou yě zhème shuō.

你有没有旅游的打算？
Nǐ yǒu méiyǒu lǚyóu de dǎsuàn?

东建
Dōngjiàn
下星期我得去上海出差。
Xià xīngqī wǒ děi qù Shànghǎi chūchāi.

小婷
Xiǎotíng
那你可以去田子坊逛逛。
Nà nǐ kěyǐ qù Tiánzǐfāng guàngguang.

스피킹 도전! 다음 질문에 대답해 보세요.

❶ A 暑假小婷有什么打算?

Shǔjià Xiǎotíng yǒu shénme dǎsuàn?

B _____。

❷ A 东建下星期为什么得去上海?

Dōngjiàn xià xīngqī wèishénme děi qù Shànghǎi?

B _____。

❸ A 你觉得江原道怎么样?

Nǐ juéde Jiāngyuán Dào zěnmeyàng?

B _____。

상하이(上海)

상하이(上海 Shànghǎi)는 중국의 동부, 장강(长江 Chángjiāng)이 바다로 들어가는 입구에 있는 중국 최대 상공업 도시예요. 중국의 4대 직할시 중의 하나로 공업기지, 무역, 과학기술, 정보, 금융 등의 중심지이기도 해요. 상하이는 와이탄(外滩 Wàitān), 동방명주(东方明珠 Dōngfāng Míngzhū), 예원(豫园 Yùyuán), 신천지(新天地 Xīntiāndì), 톈쯔팡(田子坊 Tiánzǐfāng) 등이 관광지로 유명해요. 특히 와이탄의 야경이 아름다워서 야경을 보러 가는 사람들이 많아요.

课文 Text

track 11-5

상하이 출장 에피소드

今天是东建在上海出差的最后一天，下午他去了田子坊，
Jīntiān shì Dōngjiàn zài Shànghǎi chūchāi de zuìhòu yìtiān, xiàwǔ tā qùle Tiánzǐfāng,

那里有很多特色小店。 来上海前，东建的妹妹让他买上海
nàli yǒu hěn duō tèsè xiǎodiàn.　Lái Shànghǎi qián, Dōngjiàn de mèimei ràng tā mǎi Shànghǎi

的纪念品。 他在田子坊给妹妹买了很多礼物，他想❶妹妹一
de jìniànpǐn.　Tā zài Tiánzǐfāng gěi mèimei mǎile hěn duō lǐwù,　tā xiǎng mèimei yídìng

定会喜欢的。
huì xǐhuan de.

스피킹 표현 Tip

❶ 想은 조동사로 '~하고 싶다'라는 뜻 외에, 동사로 '생각하다'라는 의미가 있어요. 이때는 동사 觉得
　　로 바꿔 쓸 수 있어요.

01 읽고 말하기! 본문 내용을 참고하여, 알맞은 답을 고른 후 대화로 연습해 보세요.

❶ 田子坊有什么?
Tiánzǐfāng yǒu shénme?

A 特色小吃　tèsè xiǎochī

B 很多小店　hěn duō xiǎodiàn

❷ 妹妹让东建干什么?
Mèimei ràng Dōngjiàn gàn shénme?

A 买礼物　mǎi lǐwù

B 吃小吃　chī xiǎochī

02 스피킹 도전! 다음 표현을 사용하여 말해 보세요.

❶ 上班 / 第一天
旅游 / 第二天

今天是他　　　　的　　　　　　。
Jīntiān shì tā　　　　de

❷ 写了信 / 感动
准备了晚饭 / 开心

他给家人　　　　　，他想家人一定会　　　　　的。
Tā gěi jiārén　　　　tā xiǎng jiārén yídìng huì　　　　de.

New 단어 | 小吃 xiǎochī 뗑 간단한 음식, 스낵 | 信 xìn 뗑 편지 | 感动 gǎndòng 통 감동하다

1 打算

打算은 명사로는 '생각', '계획', 동사로는 '~할 계획이다', '~할 작정이다'의 뜻으로 쓰인다.

> A 明年你有什么打算吗?　너는 내년에 무슨 계획이 있니? [명사]
> Míngnián nǐ yǒu shénme dǎsuàn ma?
>
> B 明年我打算去美国学习。나는 내년에 미국에 공부하러 갈 계획이야. [동사]
> Míngnián wǒ dǎsuàn qù Měiguó xuéxí.

2 사역동사 让

让은 겸어문에 쓰이는 사역동사로, 「A+让+B+동사」의 형식으로 쓰여 'A는 B로 하여금 ~하도록 시키다', 'A는 B에게 ~하게 하다'라는 뜻을 나타낸다. 부정형은 让 앞에 不나 没를 붙인다.

> 老师让我们写作业。선생님이 우리에게 숙제를 하라고 시키셨다.
> Lǎoshī ràng wǒmen xiě zuòyè.
>
> 妈妈不让我看手机。엄마는 내가 핸드폰 보는 걸 못하게 한다.
> Māma bú ràng wǒ kàn shǒujī.

让 뒤에는 동태조사(了, 过 등)가 올 수 없으며, 구어체에서 让 대신 叫(jiào)로 쓸 수 있다.

> 朋友叫我一起玩儿。친구가 나한테 함께 놀자고 했다.
> Péngyou jiào wǒ yìqǐ wánr.

체크체크 제시된 단어를 배열하여 문장을 완성하세요.

❶ 奶奶 / 我 / 吃 / 让 / 苹果 → _____

　　할머니께서 나한테 사과를 먹으라고 하셨다.

❷ 让 / 他 / 下班 / 大家 → _____

　　그는 모두한테 퇴근하라고 했다.

3 다양한 의미를 나타내는 会

❶ 会는 동사 앞에 쓰여 '(학습 후에 능력을 갖추게 되어) ~할 줄 알다'라는 뜻을 나타낸다.

我会骑自行车。 나는 자전거를 탈 줄 안다.
Wǒ huì qí zìxíngchē.

我不会打网球。 나는 테니스를 칠 줄 모른다.
Wǒ bú huì dǎ wǎngqiú.

❷ 会는 '~할 것이다'라는 뜻으로 추측이나 가능성을 나타내기도 한다. 이때 문장 끝에 的를 쓰면 추측이나 가능성에 대한 '확신'의 어감을 더해 준다. 부정형은 不会로 '~하지 않을 것이다', '~일 리 없다'라는 뜻을 나타낸다.

这件衣服，他会喜欢吗? 이 옷은 그가 좋아할까?
Zhè jiàn yīfu, tā huì xǐhuan ma?

她今天晚上一定会来的。 그녀는 오늘 저녁에 분명히 올 거야.
Tā jīntiān wǎnshang yídìng huì lái de.

他不会骗我的。 그는 나를 속이지 않을 거야.
Tā bú huì piàn wǒ de.

체크 체크 다음 문장을 해석하고 会의 쓰임을 써보세요. _____

❶ 明天会下雪的。 ----→ _____

❷ 他会做中国菜。 ----→ _____

❸ 晚上11点了，他不会来的。 ----→ _____

New 단어 骗 piàn 동 속이다

练习

1 문장 듣기 · 녹음을 듣고 내용과 일치하는 사진을 고르세요.

A

B

C

D

❶ _____ ❷ _____ ❸ _____ ❹ _____

2 단어 찾기 · 다음 〈보기〉 중에서 빈칸에 들어갈 알맞은 것을 고르세요.

> 〔보기〕 得   会…的   让   打算

❶ 我_____今年夏天学英语。

❷ 她明年一定_____回国_____。

❸ 医生_____我多运动。

❹ 已经12点了，你_____睡觉了。

3 도전! 스피킹 · 그림을 보고 대화를 완성해 보세요.

❶

A 暑假你有什么打算吗?

B [   ]。

❷

会…的

A 下午会不会下雨?

B [   ]。

4 쓰기 내공 쌓기 · 주어진 표현을 활용하여 다음 문장을 중국어로 써보세요.

❶ 회사에서 나한테 베이징으로 출장 가라고 했어. (让)

　➡ _____

❷ 주말에 나는 명동에 옷을 사러 갈 계획이야. (打算)

　➡ _____

❸ 내 생각에 엄마는 분명히 만족할 것 같아. (会…的)

　➡ _____

문화 PLUS⁺

중국의 세계문화유산 '리장고성'에 대해 알아봐요.

중국은 영토가 넓은 만큼 아름다운 자연 경관을 자랑하는 곳이 많아서 세계문화유산으로 지정된 곳만 해도 40여 곳이나 돼요. 그중 리장고성(丽江古城 Lìjiāng Gǔchéng)은 세계문화유산인 동시에 힐링 여행을 할 수 있는 곳이에요.

리장고성은 윈난성(云南省 Yúnnán Shěng) 북서부에 있는 도시로 평균 해발 2,400m의 고원에 위치하고 있어요. 고도가 높아 겨울은 온난하고 여름에는 서늘해서 1년 내내 봄 같은 날씨예요. 그래서 관광객이 끊이질 않는다고 해요. 리장고성은 마을 전체가 세계문화유산에 등재될 정도로 옛 고성의 모습이 잘 보존되어 있어요. 수 세기에 걸친 여러 역사적 건축물과 문화요소들이 어울어진 옛 시가지로, 밤에는 곳곳의 조명으로 아름다운 고성의 야경을 볼 수 있어 낮과 밤의 서로 다른 매력을 느낄 수 있어요.

리장고성에서는 만년설로 덮여 있는 옥룡설산(玉龙雪山 Yùlóng Xuěshān)을 볼 수 있는데, 해발 5,596m 고도의 산이에요. 만년설이 녹아 흘러내려 호수를 이루고, 이 호수를 중심으로 호수공원이 만들어졌어요. 이 호수는 람월곡(蓝月谷 Lányuègǔ)이라고 하고, 공원은 흑룡담공원(黑龙潭公园 Hēilóngtán Gōngyuán)이라고 해요. 람월곡에 비친 옥룡설산과 하늘의 모습은 멋진 장관을 이루어요. 흑룡담공원 내에는 고대 나시족의 건축물들이 있어요.

我会想你们的。

Wǒ huì xiǎng nǐmen de.

나는 당신들이 보고 싶을 거예요.

主要句子 Key Expressions

track 12-1

■ 주요 문장을 따라 읽으며 중국어의 뼈대를 다지세요.

01 곧 일어날 일을 말할 때

她 星期五 就要 回国 了。 Tā xīngqīwǔ jiùyào huíguó le.
그녀는 금요일에 곧 귀국해요.

下星期 다음 주
xià xīngqī

后天 모레
hòutiān

毕业 졸업하다
bìyè

结婚 결혼하다
jiéhūn

02 아쉬움을 표현할 때

我们都很舍不得 你。 Wǒmen dōu hěn shěbude nǐ.
우리는 모두 당신과 헤어지기 너무 아쉬워요.

离开 떠나다, 헤어지다
líkāi

他出国 그가 출국하다
tā chūguó

03 동작의 경과 시간을 말할 때

她 来韩国 两年 了。 Tā lái Hánguó liǎng nián le.
그녀는 한국에 온 지 2년 되었어요.

回国 귀국하다
huíguó

去留学 유학 가다
qù liúxué

五个月 5개월
wǔ ge yuè

半年 반년
bàn nián

生词 words

track **12-2**

■ 새로 나온 단어를 따라 읽으며 익혀 보세요.

会话

☐☐ 就要…了 jiùyào…le 곧 ~할 것이다,
　　　　　　　　　　곧 ~하려고 하다

☐☐ 回国 huíguó 图 귀국하다

☐☐ 舍不得 shěbude 图 아쉬워하다, 아까워하다

☐☐ 帮助 bāngzhù 图 돕다

☐☐ 照顾 zhàogù 图 돌보다

☐☐ 以后 yǐhòu 图 이후, 나중

☐☐ 韩语 Hányǔ 图 한국어

☐☐ 努力 nǔlì 图 노력하다, 힘쓰다

课文

☐☐ 已经 yǐjīng 图 이미, 벌써

☐☐ 后天 hòutiān 图 모레

☐☐ 离开 líkāi 图 떠나다, 헤어지다

☐☐ 交 jiāo 图 사귀다

☐☐ 不同 bù tóng 다르다

☐☐ 国家 guójiā 图 나라, 국가

☐☐ 这些 zhèxiē 데 이들, 이러한

☐☐ 忘记 wàngjì 图 잊어버리다

track **12-3**

단어 Plus +
국가

德国
Déguó
독일

泰国
Tàiguó
태국

印度
Yìndù
인도

菲律宾
Fēilǜbīn
필리핀

会话 Dialogue

track 12-4

#귀국할 샤오팅을 위해 송별회를 해요.

东建 Dōngjiàn	你星期五就要回国了，我们都很舍不得你。 Nǐ xīngqīwǔ jiùyào huíguó le, wǒmen dōu hěn shěbude nǐ.
小婷 Xiǎotíng	我也是。 真谢谢你们的帮助和照顾。 Wǒ yě shì. Zhēn xièxie nǐmen de bāngzhù hé zhàogù.
	我会想你们的。 Wǒ huì xiǎng nǐmen de.
多英 Duōyīng	你回去以后要好好儿学习韩语。 Nǐ huíqu yǐhòu yào hǎohāor xuéxí Hányǔ.
小婷 Xiǎotíng	我会努力的! 希望你们来北京玩儿。 Wǒ huì nǔlì de! Xīwàng nǐmen lái Běijīng wánr.
东建 Dōngjiàn	好的。 我们一定去北京看你。 Hǎode. Wǒmen yídìng qù Běijīng kàn nǐ.

스피킹 도전! 다음 질문에 대답해 보세요.

❶ A 小婷什么时候回国?

Xiǎotíng shénme shíhou huíguó?

B _____ 。

❷ A 多英让小婷回国后学习什么?

Duōyīng ràng Xiǎotíng huíguó hòu xuéxí shénme?

B _____ 。

❸ A 小婷希望东建和多英做什么?

Xiǎotíng xīwàng Dōngjiàn hé Duōyīng zuò shénme?

B _____ 。

중국인에게 주의해야 할 선물

중국인들은 의미에 따라 기피하는 선물이 있기 때문에 선물할 때는 반드시 주의해야 해요. 첫 번째 금기 선물은 '시계'예요. '시계를 선물하다'라는 말은 중국어로 送钟(sòng zhōng)이라고 하는데 '임종하다'는 뜻의 送终(sòng zhōng)과 발음이 같아 선물하지 않아요. 두 번째로 과일 '배(梨 lí)'는 '이별하다'는 뜻의 离(lí)와 발음이 같아 선물하지 않아요. 세 번째로 '우산(伞 sǎn)'은 발음이 '흩어지다'는 뜻의 散(sǎn)과 같아 선물하지 않는답니다.

课文 Text

track **12-5**

한국 생활을 회상하며

小婷来韩国已经❶两年了，她觉得时间过得真快。后天
Xiǎotíng lái Hánguó yǐjīng liǎng nián le, tā juéde shíjiān guò de zhēn kuài.　　Hòutiān

就要回国了，她很舍不得离开韩国、离开朋友。她在韩国
jiùyào huíguó le,　　tā hěn shěbude líkāi Hánguó、líkāi péngyou.　　Tā zài Hánguó

交了很多不同国家的朋友，这些朋友给了她很大的帮助，她
jiāole hěn duō bù tóng guójiā de péngyou,　zhèxiē péngyou gěile tā hěn dà de bāngzhù,　tā

不会忘记他们的。
bú huì wàngjì tāmen de.

스피킹 표현 Tip

❶ 已经은 '이미', '벌써'라는 뜻의 부사로 문장에서 동사 술어 앞에 오며, 문장 끝에 자주 了를 써요.

　　예　他已经走了。 그는 이미 갔다.
　　　　Tā yǐjīng zǒu le.
　　　　已经十二点了，快睡觉吧。 벌써 12시야, 빨리 자.
　　　　Yǐjīng shí'èr diǎn le, kuài shuìjiào ba.

01 읽고 말하기! 본문 내용을 참고하여, 알맞은 답을 고른 후 대화로 연습해 보세요.

❶ 现在小婷离开韩国了吗?

Xiànzài Xiǎotíng líkāi Hánguó le ma?

　A 已经离开韩国了　yǐjīng líkāi Hánguó le

　B 还没离开韩国　hái méi líkāi Hánguó

❷ 小婷为什么不会忘记那些朋友?

Xiǎotíng wèishénme bú huì wàngjì nàxiē péngyou?

　A 他们给了她很大的帮助　tāmen gěile tā hěn dà de bāngzhù

　B 他们经常一起玩儿　tāmen jīngcháng yìqǐ wánr

02 스피킹 도전! 다음 표현을 사용하여 말해 보세요.

❶ 工作 / 慢
　毕业 / 快

我 ＿＿＿＿ 已经两年了,
Wǒ　　　　yǐjīng liǎng nián le,

我觉得时间过得真 ＿＿＿＿ 。
wǒ juéde shíjiān guò de zhēn

❷ 善良 / 帮助
　性格好 / 鼓励

我交了很多 ＿＿＿＿ 的朋友,
Wǒ jiāole hěn duō　　　　de péngyou,

他们给了我很大的 ＿＿＿＿ 。
tāmen gěile wǒ hěn dà de

New 단어 那些 nàxiē 때 그들, 그것들 | 善良 shànliáng 톙 착하다 | 性格 xìnggé 뎽 성격 | 鼓励 gǔlì 튕 격려하다

语法

1 就要…了

「就要…了」 형식은 '곧 ~할 것이다', '곧 ~하려고 하다'라는 의미를 나타낸다. 就要 대신 要나 快(要)를 쓸 수 있다.

姐姐六月就要结婚了。 언니(누나)는 6월에 곧 결혼하려고 한다.
Jiějie liù yuè jiùyào jiéhūn le.

要下雪了。 곧 눈이 내리려고 한다.
Yào xiàxuě le.

公共汽车快要出发了。 버스가 곧 출발하려고 한다.
Gōnggòng qìchē kuàiyào chūfā le.

> **Tip**
> '快(要)…了' 앞에는 시간사를 쓸 수 없어요.

체크체크 다음 문장을 바르게 고치세요.

❶ 下周快要考试了。 ⟶ _____

❷ 牛奶就要喝了完。 ⟶ _____

❸ 春天要快来了。 ⟶ _____

2 舍不得

舍不得는 '아쉬워하다', '아까워하다'라는 뜻으로, 헤어지거나 포기하기 아쉬운 것을 나타내거나 아까워서 마음이 내키지 않는 것을 나타낸다. 舍不得 뒤에는 동사구나 절이 온다.

她舍不得离开韩国。 그녀는 한국을 떠나기 아쉬워한다.
Tā shěbude líkāi Hánguó.

他舍不得花钱买衣服。 그는 옷을 사는 데 돈 쓰는 것을 아까워한다.
Tā shěbude huā qián mǎi yīfu.

3 시량보어

동사 뒤에 위치하여 어떤 동작이나 상태가 지속된 시간의 양을 나타낸다.

> 동사 + 목적어 + 동사 + 시량보어   또는   동사 + 시량보어 + (的) + 목적어

他学汉语学了一年。 그는 1년 동안 중국어를 배웠다.
Tā xué Hànyǔ xuéle yì nián.

他看了两个小时的电影。 그는 두 시간 동안 영화를 봤다.
Tā kànle liǎng ge xiǎoshí de diànyǐng.

동작이 지속되지 않는 동사 뒤에 쓰인 시량보어는 동작이 발생한 후의 경과된 시간을 나타낸다.

他来首尔半年了。 그는 서울에 온 지 반년이 되었다.
Tā lái Shǒu'ěr bàn nián le.

弟弟大学毕业三个月了。 남동생은 대학을 졸업한 지 3개월이 되었다.
Dìdi dàxué bìyè sān ge yuè le.

她回中国两年了。 그녀가 중국에 돌아간 지 2년이 되었다.
Tā huí Zhōngguó liǎng nián le.

> **Tip**
> 동작이 지속되지 않는 동사로는 来, 去, 回, 离开(líkāi 떠나다), 毕业(bìyè 졸업하다), 结婚(jiéhūn 결혼하다), 死(sǐ 죽다) 등이 있어요.

체크 체크 제시된 단어를 배열하여 문장을 완성하세요.

❶ 坐 / 她 / 坐了 / 地铁 / 三十分钟 ⟶ _____

그녀는 지하철을 30분 동안 탔다.

❷ 半个月了 / 我 / 老家 / 离开 ⟶ _____

나는 고향을 떠난 지 보름이 되었다.

❸ 一个小时 / 中国菜 / 做了 / 的 / 他 ⟶ _____

그는 중국요리를 한 시간 동안 했다.

练习

1 문장 듣기 · 녹음을 듣고 내용과 일치하는 사진을 고르세요. track **12-6**

A

B

C

D

❶ _____ ❷ _____ ❸ _____ ❹ _____

2 단어 찾기 · 다음 〈보기〉 중에서 빈칸에 들어갈 알맞은 것을 고르세요.

보기 舍不得 已经 一个小时 就要

❶ 女儿唱了_____的歌。

❷ 比赛十分钟后_____开始了。

❸ 他_____结婚了，还有一个五岁的女儿。

❹ 他_____离开这些好朋友。

3 도전! 스피킹 · 그림을 보고 대화를 완성해 보세요.

❶

就要…了

A _____ 。

B 是啊! 我们带伞吧。

❷

快要…了

A 你什么时候到?

B _____ 。

4 쓰기 내공 쌓기 · 주어진 표현을 활용하여 다음 문장을 중국어로 써보세요.

❶ 그녀는 다음 달이면 졸업할 것이다. (就要…了)

➜ _____

❷ 엄마는 아들이 유학 가는 것을 아쉬워한다. (舍不得)

➜ _____

❸ 나는 베이징에 온 지 이미 4년이 됐다. (已经)

➜ _____

문화 PLUS⁺

중국의 관시(关系) 문화에 대해 알아봐요.

중국인들이 타인과 관계를 맺는 데 있어 가장 중요하게 생각하는 것이 바로 '관시(关系 guānxi)' 예요. 관시는 '관계'를 뜻하는 말로, 중국인들은 이를 자신의 능력을 표현하는 중요한 수단으로 여기고 있어요. 우리나라는 보통 학교, 직장, 동아리, 각종 모임 등 집단에 의해 관계를 맺는 경우가 많지만, 중국의 관시는 어느 집단에 속해 있다고 관시가 형성되는 것이 아닌 개인을 중심으로 개개인 간의 관계로 형성돼요.

중국에는 在家靠父母，在外靠朋友(Zài jiā kào fùmǔ, zài wài kào péngyou 집에서는 부모를 의지하고, 밖에서는 친구를 의지한다)라는 속담이 있어요. 그만큼 우정, 관시를 중시하는 것을 의미하는데, 이런 중국의 관시는 신뢰를 바탕으로 하기 때문에 몇 번 만나서 안면이 있다거나 같이 식사를 한 적이 있다고 해서 생기지 않아요. 오랜 시간 동안 지켜보며 조금씩 신용이 쌓이다가 형성돼요. 진정한 깊이 있는 관시가 생기면 상대방을 自己人(zìjǐrén 내 사람)이나 老朋友(lǎopéngyou 오랜 친구)라고 부르기도 해요.

중국인들은 한 번 관시를 맺고 나면 상대방이 어떤 어려움에 처해도 도움을 줄 정도로 강한 친밀감이 생기기 때문에 중국에서 성공하려면 중국인들과 좋은 관시를 맺는 것은 필수라는 말이 나올 정도죠. 그래서 先做朋友，后做生意(Xiān zuò péngyou, hòu zuò shēngyi 먼저 친구가 되고, 나중에 비즈니스를 한다)라는 말도 있답니다. 이 말은 관시가 있으면 일을 잘 처리할 수 있고 사업을 크게 할 수 있다는 의미를 나타내요. 다양한 관시를 많이 가지고 있으면 힘들고 복잡하고 오래 걸리는 일이 있을 때 비교적 쉽고 빨리 처리할 수도 있어요. 중국인과 제대로 관시를 맺기 위해서는 성실과 신용이 중요하다는 걸 잊지 마세요.

复习

fùxí

chapter 07-12의
주요 학습 내용 체크

주제별 단어

1 신체 부위

- ☐ 头 tóu 머리
- ☐ 眼睛 yǎnjing 눈
- ☐ 耳朵 ěrduo 귀
- ☐ 嗓子 sǎngzi 목(구멍)
- ☐ 鼻子 bízi 코
- ☐ 肚子 dùzi 복부, 배
- ☐ 胃 wèi 위
- ☐ 嘴 zuǐ 입

2 운동

- ☐ 瑜伽 yújiā 요가
- ☐ 羽毛球 yǔmáoqiú 배드민턴
- ☐ 棒球 bàngqiú 야구
- ☐ 乒乓球 pīngpāngqiú 탁구
- ☐ 网球 wǎngqiú 테니스
- ☐ 高尔夫球 gāo'ěrfūqiú 골프

3 맛

- ☐ 辣 là 맵다
- ☐ 苦 kǔ 쓰다
- ☐ 酸 suān 시다
- ☐ 咸 xián 짜다
- ☐ 甜 tián 달다

4 날씨&계절

- ☐ 晴 qíng (하늘이) 맑다
- ☐ 下雪 xiàxuě 눈이 내리다
- ☐ 季节 jìjié 계절
- ☐ 夏天 xiàtiān 여름
- ☐ 热 rè 덥다
- ☐ 阴 yīn 흐리다
- ☐ 刮风 guāfēng 바람이 불다
- ☐ 秋天 qiūtiān 가을
- ☐ 下雨 xiàyǔ 비가 오다
- ☐ 打雷 dǎléi 천둥이 치다
- ☐ 春天 chūntiān 봄
- ☐ 冬天 dōngtiān 겨울

5 사물

- ☐ 纪念品 jìniànpǐn 기념품
- ☐ 礼物 lǐwù 선물
- ☐ 空调 kōngtiáo 에어컨
- ☐ 信 xìn 편지
- ☐ (雨)伞 (yǔ)sǎn 우산

6 부사&개사

- ☐ 经常 jīngcháng 자주
- ☐ 别 bié ~하지 마라
- ☐ 一定 yídìng 반드시, 꼭
- ☐ 只好 zhǐhǎo 할 수 없이
- ☐ 最 zuì 가장, 제일
- ☐ 突然 tūrán 갑자기
- ☐ 比 bǐ ~보다, ~에 비해
- ☐ 快 kuài 빨리, 어서
- ☐ 都 dōu 벌써, 이미
- ☐ 已经 yǐjīng 이미, 벌써

7 형용사

- ☐ 美 měi 아름답다
- ☐ 奇怪 qíguài 이상하다
- ☐ 坏 huài 고장 나다, 상하다
- ☐ 晚 wǎn 늦다
- ☐ 善良 shànliáng 착하다
- ☐ 香 xiāng 향기롭다, (음식이) 맛있다
- ☐ 行 xíng 괜찮다, 좋다
- ☐ 短 duǎn 짧다
- ☐ 有名 yǒumíng 유명하다
- ☐ 慢 màn 느리다
- ☐ 疼 téng 아프다

8 동사

- ☐ 站 zhàn 서다
- ☐ 骗 piàn 속이다
- ☐ 出门 chūmén 외출하다
- ☐ 鼓励 gǔlì 격려하다
- ☐ 喊 hǎn 외치다
- ☐ 发烧 fāshāo 열이 나다
- ☐ 感动 gǎndòng 감동하다
- ☐ 努力 nǔlì 노력하다, 힘쓰다
- ☐ 带 dài 데리다, 가지다
- ☐ 交 jiāo 사귀다
- ☐ 练 liàn 연습하다, 단련하다
- ☐ 旅游 lǚyóu 여행하다
- ☐ 帮助 bāngzhù 돕다
- ☐ 跑步 pǎobù 달리다
- ☐ 开始 kāishǐ 시작하다
- ☐ 开 kāi 켜다, 틀다, 열다
- ☐ 摔倒 shuāidǎo 넘어지다
- ☐ 照顾 zhàogù 돌보다
- ☐ 怕 pà 두렵다, 무섭다
- ☐ 咳嗽 késou 기침하다
- ☐ 告诉 gàosu 알리다, 말하다
- ☐ 感冒 gǎnmào 감기에 걸리다

핵심 어법

1 정도보어

동사나 형용사 뒤에서 동작이나 행위, 상태의 정도를 보충 설명하는 보어를 '정도보어'라고 한다.

> 주어 + 동사/형용사 + 得 + 정도보어

我哥哥游得快。우리 형(오빠)는 수영을 잘한다.
Wǒ gēge yóu de kuài.

他说得很好。그는 말을 잘한다.
Tā shuō de hěn hǎo.

> 주어 + (동사) + 목적어 + 동사 + 得 + 정도보어

他(说)汉语说得好。그는 중국어를 잘한다.
Tā (shuō) Hànyǔ shuō de hǎo.

2 比 비교문

긍정문
> A + 比 + B + 형용사

汉语比英语难。중국어는 영어보다 어렵다.
Hànyǔ bǐ Yīngyǔ nán.

他比我还高。그는 나보다 키가 더 크다.
Tā bǐ wǒ hái gāo.

*很, 非常, 太와 같은 부사는 사용할 수 없음

부정문
> A + 没有 + B + 형용사

英语没有汉语难。영어는 중국어만큼 어렵지 않다.
Yīngyǔ méiyǒu Hànyǔ nán.

3 동량보어

> 동사 + 동량보어 + 일반 명사 목적어

他今天打了五次电话。그는 오늘 전화를 다섯 번 했다.
Tā jīntiān dǎle wǔ cì diànhuà.

> 동사 + 대명사 목적어 + 동량보어

我见过他一次。나는 그를 한 번 만난 적이 있다.
Wǒ jiànguo tā yí cì.

*목적어가 인명이나 지명일 때에는 '동량보어' 앞뒤에 모두 올 수 있음

4 동태조사 着

着는 동사 뒤에 쓰여 동작이나 상태가 지속됨을 나타낸다. 부정형은 동사 앞에 没(有)를 쓴다.

爷爷看着电视。할아버지가 텔레비전을 보고 계신다.
Yéye kànzhe diànshì.

他没有躺着。그는 누워 있지 않다.
Tā méiyǒu tǎngzhe.

5 사역동사 让

让은 겸어문에 쓰이는 사역동사로, 「A+让+B+동사」의 형식으로 쓰인다.

老师让我们写作业。선생님이 우리에게 숙제를 하라고 시키셨다.
Lǎoshī ràng wǒmen xiě zuòyè.

妈妈不让我看手机。엄마는 내가 핸드폰 보는 걸 못하게 한다.
Māma bú ràng wǒ kàn shǒujī.

6 시량보어

동사 뒤에 위치하여 어떤 동작이나 상태가 지속된 시간의 양을 나타낸다.

他学汉语学了一年。그는 1년 동안 중국어를 배웠어요.
Tā xué Hànyǔ xuéle yì nián.

他来首尔半年了。그는 서울에 온 지 반년이 되었다.
Tā lái Shǒu'ěr bàn nián le.

7 형용사의 중첩

1음절	AA 형식

大大的眼睛 커다란 눈
dàdà de yǎnjing

2음절	AABB 형식

漂漂亮亮 매우 예쁘다
piàopiao liàngliàng

중첩된 형용사는 정도부사의 수식을 받지 않는다.

好好儿学习 (O) 공부를 열심히 하다
hǎohāor xuéxí

很好好儿学习 (X)
hěn hǎohāor xuéxí

스피킹 표현

01 아픈 증상 말하기

A 你哪儿不舒服?
Nǐ nǎr bù shūfu?

A 어디가 불편하세요?

B 恶心，胃疼得厉害。
Ěxin, wèi téng de lìhai.

B 속이 메스껍고, 위가 심하게 아파요.

A 这个药得吃两天。
Zhège yào děi chī liǎng tiān.

A 이 약을 이틀 먹어야 돼요.
커피는 조금만 드세요.

少喝点儿咖啡。
Shǎo hē diǎnr kāfēi.

02 비교 표현 말하기

A 你比以前瘦了。
Nǐ bǐ yǐqián shòu le.

A 당신은 예전보다 살이 빠졌네요.

B 我最近开始练瑜伽了。
Wǒ zuìjìn kāishǐ liàn yújiā le.

B 최근에 요가를 시작했어요.

03 횟수 표현 말하기

A 你一个星期练几次瑜伽?
Nǐ yí ge xīngqī liàn jǐ cì yújiā?

A 당신은 일주일에 몇 번 요가를 해요?

B 一个星期练三次。
Yí ge xīngqī liàn sān cì.

B 일주일에 세 번 해요.

04 강조 표현 말하기

A 你是怎么来的?
Nǐ shì zěnme lái de?

A 당신은 어떻게 왔어요?

B 我是打车来的。
Wǒ shì dǎchē lái de.

B 나는 택시를 타고 왔어요.

05 계절에 대해 말하기

A 这几年春天越来越短了，
Zhè jǐ nián chūntiān yuè lái yuè duǎn le,

夏天来得很早。
xiàtiān lái de hěn zǎo.

B 而且夏天越来越热了。
Érqiě xiàtiān yuè lái yuè rè le.

A 요 몇 년 봄이 점점 짧아지고,
여름이 빨리 와요.

B 게다가 여름은 갈수록 더워져요.

---

06 여행 계획 말하기

A 暑假了，你有什么打算吗?
Shǔjià le, nǐ yǒu shénme dǎsuàn ma?

B 我打算去江原道旅游。
Wǒ dǎsuàn qù Jiāngyuán Dào lǚyóu.

A 여름 방학인데, 당신은 무슨 계획이
있어요?

B 나는 강원도에 여행 갈 계획이에요.

---

07 기원 표현 말하기

A 希望你们来北京玩儿。
Xīwàng nǐmen lái Běijīng wánr.

B 好的。我们一定去北京看你。
Hǎode. Wǒmen yídìng qù Běijīng kàn nǐ.

A 당신들이 베이징으로 놀러 오면 좋겠어요.

B 좋아요. 우리가 꼭 베이징에 당신을 보러 갈
게요.

---

08 헤어지는 인사하기

A 你星期五就要回国了，
Nǐ xīngqīwǔ jiùyào huíguó le,

我们都很舍不得你。
wǒmen dōu hěn shěbude nǐ.

B 我也是。我会想你们的。
Wǒ yě shì. Wǒ huì xiǎng nǐmen de.

A 당신은 금요일이면 곧 귀국하는군요.
우리는 당신과 헤어지기 너무 아쉬워요.

B 나도요. 당신들이 그리울 거예요.

실력 테스트

1 단어 듣기 · 녹음을 듣고 〈보기〉에서 알맞은 단어를 고른 후 병음과 뜻을 써보세요. track **12-7**

보기	A 美食	B 希望	C 舍不得	D 突然	E 恶心
	F 以前	G 出差	H 告诉	I 比赛	J 最后

	단어	병음	뜻
예	A 美食	měishí	맛있는 음식
❶			
❷			
❸			
❹			
❺			

2 문장 듣기 · 녹음을 듣고 내용과 일치하는지 O, X로 표시해 보세요. track **12-8**

❶ 现在外边下雨。　　　　　（　　　　）

❷ 下星期有考试。　　　　　（　　　　）

❸ 妈妈不让弟弟看电视。　　（　　　　）

❹ 他们等半个小时就进去了。（　　　　）

❺ 他一个月看一次网球比赛。（　　　　）

3 어법 · 다음 〈보기〉 중 빈칸에 들어갈 알맞은 단어를 고르세요.

> 보기   只好   有点儿   一点儿   别

❶ 太贵了，便宜_____吧。

❷ 你_____买这件衣服，这件太贵了。

❸ 我没时间做饭，我们_____去饭馆儿吃了。

❹ 他肚子_____不舒服。

4 독해 · 다음 〈보기〉 중 제시된 문장과 어울리는 것을 고르세요.

> 보기   A 我一个星期去三次健身房。
>   B 是昨天晚上来的。
>   C 我觉得汉语越来越难。
>   D 比首尔还热。

❶ 最近上海的天气怎么样？   (   )

❷ 学汉语学得怎么样？   (   )

❸ 你一个星期去几次？   (   )

❹ 你是什么时候来韩国的？   (   )

5 말하기1 · 사진을 보고 대화를 완성하세요.

❶

A 她在公园干什么?

B _____。(着)

❷

A _____?(打算)

B 明天我得去上海见朋友。

6 말하기2 · 다음 질문의 대답을 생각하여 여름 방학(휴가) 계획을 말해 보세요.

❶ 你一年旅游几次? ❷ 今年暑假, 你打算去哪儿?

❸ 你为什么去那儿? ❹ 你打算怎么去?

我一年_____。

Wǒ yì nián _____.

今年暑假, 我打算_____。

Jīnnián shǔjià, wǒ dǎsuàn _____.

我觉得_____, 而且_____。

Wǒ juéde _____, érqiě _____.

我打算_____或者_____。

Wǒ dǎsuàn _____ huòzhě _____.

부록

정답 및 해석
찾아보기

정답 및 해석

 01 你吃早饭了吗?
당신은 아침 먹었어요?

主要句子 해석 ➡ 14쪽

1 당신은 아침 먹었어요?
당신은 집에 돌아갔어요?
당신은 여행 갔어요?

2 그는 때로는 밥을 먹고, 때로는 밥을 먹지 않아요.
그는 때로는 음악을 듣고, 때로는 노래를 불러요.
그는 때로는 운동하고, 때로는 춤춰요.

3 그 가게의 햄버거는 맛있고 싸요.
그 가게의 옷은 예쁘고 편해요.
그 가게의 스테이크는 맛없고 비싸요.

会话 해석 ➡ 16쪽

동건 좋은 아침이에요!
혜진 좋은 아침이에요! 아침 먹었어요?
동건 아직 안 먹었죠.
혜진 나 샌드위치 있는데, 먹을래요?
동건 고마워요. 이거 당신이 만든 거예요?
혜진 에이, 내가 샌드위치를 만들 시간이 어디 있어
      요? 산 거예요.

说一说 정답 ➡ 17쪽

참고 답안

① 他还没吃。
② 她有三明治。
③ 我吃早饭了。我吃了一个面包。

课文 해석 ➡ 18쪽

　동건은 아침 9시에 출근한다. 출근하기 전에, 그는
때로는 밥을 먹고, 때로는 밥을 먹지 않는다. 오늘 동
건은 한 햄버거 가게에 갔는데, 그 가게의 햄버거가 맛
있고 싸서 그는 매우 좋았다.

读和说 정답 ➡ 19쪽

1 ① A　　　② B

2 ① 我早上有时候吃面条,
　　　有时候喝牛奶。
　　　我早上有时候去运动,
　　　有时候去爬山。
　② 那家的三明治又大又便宜。
　　　那家的三明治又小又贵。

语法 정답 ➡ 20~21쪽

1 ① B　　　② A　　　③ B

2 ① 我有时候游泳, 有时候弹吉他。
　② 我有时候跟朋友去咖啡厅,
　　　有时候跟家人去电影院。

3 ① 这件衣服又便宜又好看。
　② 他妹妹又聪明又可爱。
　③ 这本书又厚又重。

练习 정답 ➡ 22~23쪽

1 ① B　　　② A　　　③ D　　　④ C

> 녹음 원문
> ① 那家的汉堡不好吃。
> ② 我哪有时间做三明治啊?
> ③ 我妹妹又漂亮又可爱。
> ④ 他周末有时候在家看电视。

2 ① 有时候 / 有时候
　② 哪有
　③ 又 / 又
　④ 了

3 ① 我有时候吃早饭, 有时候不吃早饭。
　② 她又高又漂亮。

4 ① 我吃了一碗饭。
　② 周末有时候学习, 有时候看电视。
　③ 我哪有时间去喝啤酒啊?

02 电话号码是多少?
전화번호가 몇 번이에요?

主要句子 해석 → 26쪽

1 향원식당의 전화번호는 몇 번이에요?
은행의 전화번호는 몇 번이에요?
학교의 전화번호는 몇 번이에요?

2 그는 나를 식사에 초대했어요.
그가 나에게 여기로 오라고 했어요.
그가 나에게 도와 달라고 했어요.

3 오전 10시에야 비로소 일어났어요.
오전 10시에야 비로소 문을 열었어요.
오전 10시에야 비로소 출발했어요.

会话 해석 → 28쪽

동건　향원식당의 전화번호가 몇 번이에요?
혜진　567-3861이에요.

동건이 식당에 전화한다

동건　여보세요, 안녕하세요! 거기 배달하나요?
종업원　배달해요. 무엇이 필요하세요?
동건　짜장면 한 그릇과 물만두 1인분이요. 주소는
　　　대학로 23이에요.
종업원　알겠습니다. 잠시만 기다려 주세요.

说一说 정답 → 29쪽

참고 답안

① 香园饭馆儿的电话号码是567-3861。
② 他点了一碗炸酱面和一份水饺。
③ 我的手机号码是010-1234-5678。

课文 해석 → 30쪽

　주말에 동건은 보통 텔레비전을 보거나 친구를 만
난다. 오늘은 일요일이어서, 동건은 오전 10시가 되
어서야 일어났다. 일어난 후, 동건은 한 친구에게 문자
메시지를 보내서 자기 집으로 와서 놀자고 초대했다.

读和说 정답 → 31쪽

1 ① A　　　② A

2 ① 周末我一般在家看看书、听听音乐。
　　 周末我一般在家做做饭、洗洗衣服。
② 朋友请我看电影。
　　 朋友请我喝啤酒。

语法 정답 → 32~33쪽

1 ① B　　　② C

2 ① 看看电影 [또는] 看一看电影
② 唱唱歌 [또는] 唱一唱歌
③ 学习学习
④ 运动运动

3 ① 就　　　② 才

练习 정답 → 34~35쪽

1 ① C　　② B　　③ A　　④ D

　녹음 원문
① 你的手机号码是多少?
② 周末我一般在家洗洗衣服。
③ 他晚上十点才回家。
④ 我的中国朋友请我们来她家吃饭。

2 ① 请
② 才
③ 尝尝
④ 看看

3 ① 你的手机号码是多少?
② 请等一等。

4 ① 请喝茶。
② 我周末一般看看电影。
③ 我朋友晚上十点才给我打电话。

03 最近天气暖和了。

요즘 날씨가 따뜻해졌어요.

主要句子 해석 → 38쪽

1 요즘 날씨가 따뜻해졌어요.
요즘 날씨가 추워졌어요.
요즘 날씨가 시원해졌어요.

2 우리 나가서 식사해요.
우리 돌아가서 식사해요.
우리 들어가서 식사해요.

3 그녀들은 이야기하면서 사진을 찍어요.
그녀들은 밥을 먹으면서 말을 해요.
그녀들은 커피를 마시면서 케이크를 먹어요.

会话 해석 → 40쪽

동건　요즘 날씨가 따뜻해졌어요.
혜진　그래요. 오늘 날씨가 정말 좋네요!
동건　날씨가 이렇게 좋으니 놀러 나갈 수 있으면 좋
　　　겠어요!
혜진　안 돼요. 우리는 일해야죠.
동건　보세요, 점심 시간이 됐네요.
　　　우리 나가서 식사해요.

说一说 정답 → 41쪽

참고 답안

① 最近天气暖和了。
② 不行，他们不能出去玩儿。
③ 我这里最近天气很冷。

课文 해석 → 42쪽

　요즘 날씨가 따뜻해졌다. 꽃은 붉어지고 나무도 파래져서 얼마나 예쁜지! 오늘 샤오팅은 다영이와 벚꽃을 보러 갔다. 그녀들은 이야기하며 사진을 찍고, 또 음식도 먹었다. 그녀들은 오늘 매우 즐거웠다.

读和说 정답 → 43쪽

1 ① A　　　　② A

2 ① 他一边学习，一边打工。
　　　他一边看电视，一边吃饭。
② 这件衣服多好看啊!
　　　小狗多可爱啊!

语法 정답 → 44~45쪽

1 ① 现在八点了。
② 脸红了。

2 ① 出去　　② 下来

3 ① 儿子一边做作业，一边听音乐。
② 妈妈一边打电话，一边做饭。

练习 정답 → 46~47쪽

1 ① B　　　② C　　　③ D　　　④ A

> **녹음 원문**
> ① 最近天气冷了。
> ② 我们一边拍照，一边聊天。
> ③ 你看，花都红了，多漂亮啊!
> ④ 咱们出去走走吧。

2 ① 多
② 出去
③ 了
④ 一边 / 一边

3 ① 到吃饭时间了。
② 他明天回来。

4 ① 最近天气暖和了。
② 我们进去喝茶吧。
③ 他一边吃饭，一边看电视。

我可以看一下吗?

제가 좀 봐도 될까요?

主要句子 해석 ➜ 50쪽

1 제가 좀 봐도 될까요?
제가 좀 입어 봐도 될까요?
제가 좀 맛을 봐도 될까요?

2 나는 돈을 많이 썼어요.
나는 와인을 많이 마셨어요.
나는 소설을 많이 봤어요.

3 그들은 물건을 다 샀어요.
그들은 밥을 다 먹었어요.
그들은 일을 다 했어요.

会话 해석 ➜ 52쪽

케이티 너 옷 샀어? 내가 좀 봐도 돼?
샤오팅 응. 나는 티셔츠 하나와 청바지 하나를 샀어.
케이티 이 청바지 너무 예쁘다. 얼마야?
샤오팅 4만 8천 원이야.
케이티 싸다. 다음 번엔 나도 거기로 옷 사러 가야겠어.
샤오팅 좋아, 다른 날에 우리 같이 가자.

说一说 정답 ➜ 53쪽

참고 답안

① 她买了一件T恤和一条牛仔裤。
② 那条牛仔裤四万八千韩币。
③ 我想买一条裙子。

课文 해석 ➜ 54쪽

오늘 샤오팅과 케이티는 같이 명동에 쇼핑을 하러 갔다. 그녀들은 화장품을 좀 샀고, 케이티는 또 옷도 몇 벌 샀다. 그녀들은 모두 돈을 많이 썼다. 물건을 다 산 후, 그녀들은 같이 저녁을 먹으러 갔다.

读和说 정답 ➜ 55쪽

1 ① B   ② A

2 ① 我们一起去超市买水果了。
我们一起去公园散步了。
② 买完早饭后，我去公司了。
买完礼物后，我去邮局了。

语法 정답 ➜ 56~57쪽

1 ① 我想看一下这本书。
② 你尝一下这个菜。

2 ① 完 [또는] 好
② 懂
③ 错
④ 好 [또는] 完
⑤ 到

练习 정답 ➜ 58~59쪽

1 ① D   ② A   ③ B   ④ C

> 녹음 원문
> ① 这条牛仔裤三万韩币。
> ② 我可以尝一下吗?
> ③ 他买到了一件T恤。
> ④ 他做完工作了。

2 ① 见
② 懂
③ 不少
④ 一下

3 ① 我可以看一下这本书吗?
② 这条裙子多少钱?

4 ① 我可以试一下这件衣服吗?
[또는] 我可以穿一下这件衣服吗?
② 你写错了一个字。
③ 我买完东西后就回家了。

你知道怎么去唐人街吗?
당신은 차이나타운에 어떻게 가는지 알아요?

主要句子 해석 ➔ 62쪽

1 지하철을 타고 갈 수 있어요.
   택시를 타고 갈 수 있어요.
   자전거를 타고 갈 수 있어요.

2 여기에서 거기까지 얼마나 걸려요?
   당신 집에서 회사까지 얼마나 걸려요?
   서울에서 상하이까지 얼마나 걸려요?

3 대략 한 시간 반 걸려요.
   대략 2주 걸려요.
   대략 10개월 걸려요.

会话 해석 ➔ 64쪽

샤오팅 너는 차이나타운에 어떻게 가는지 알아?
동건 지하철을 타고 갈 수 있고, 버스도 타고 갈 수
    있어.
샤오팅 여기에서 거기까지 얼마나 걸려?
동건 대략 한 시간 반 걸려.
샤오팅 이렇게 멀구나. 하지만 그래도 나는 한번 가
    보고 싶어.
동건 좋아, 우리 다음 주 토요일에 같이 가자.

说一说 정답 ➔ 65쪽

참고 답안

① 可以坐地铁去，也可以坐公共汽车去。
② 大概要一个半小时。
③ 我没去过唐人街。

课文 해석 ➔ 66쪽

  샤오팅은 매일 지하철을 타고 학교에 간다. 그녀의
집에서 학교까지 한 시간이 걸린다. 지하철 안에서
그녀는 보통 책을 보고, 음악을 듣거나 핸드폰을 한
다. 지하철에서 내린 후 5분 걸으면 바로 학교에 도
착할 수 있다.

读和说 정답 ➔ 67쪽

1 ① A   ② A

2 ① 我每天坐公共汽车去公司。
     我每天坐出租车去医院。
   ② 下车后，走十分钟就可以到地铁站。
     下车后，走一会儿就可以到超市。

语法 정답 ➔ 68~69쪽

1 ① 坐飞机
   ② 骑自行车

2 ① 哥哥从星期五到星期天休息。
   ② 从这儿到电影院可以坐地铁去。

练习 정답 ➔ 70~71쪽

1 ① C   ② A   ③ D   ④ B

녹음 원문
① 可以做地铁去上班。
② 从我家到学校坐公共汽车要一个小时。
③ 她们骑自行车去玩儿。
④ 从这儿到银行要多长时间?

2 ① 分钟
   ② 骑
   ③ 或者
   ④ 从 / 到

3 ① 我们骑自行车去吧。
   ② 大概要两个小时。

4 ① 你知道怎么去电影院吗?
   ② 从公司到我家要三十分钟。
   ③ 坐飞机大概要三个小时。

06 我的手机不见了。
내 핸드폰이 없어졌어요.

主要句子 해석 ➔ 74쪽

1 초조해 죽겠네요.
화나 죽겠네요.
피곤해 죽겠네요.

2 핸드폰은 잡지 아래에 있어요.
핸드폰은 테이블 위에 있어요.
핸드폰은 서랍 안에 있어요.

3 앞으로 200미터 걸어가면, 커피숍이 하나 있어요.
동쪽으로 200미터 걸어가면, 은행이 하나 있어요.
왼쪽으로 200미터 걸어가면, 서점이 하나 있어요.

会话 해석 ➔ 76쪽

영애 뭐 찾고 있어?
동건 내 핸드폰이 없어졌어. 네가 나를 도와서 좀 찾아줘.
핸드폰 안에 중요한 게 있는데, 초조해 죽겠네.
영애 오빠, 핸드폰은 잡지 아래에 있잖아.
동건 어? 왜 여기 있는 거지?
드디어 찾았네.

说一说 정답 ➔ 77쪽

참고 답안

① 他在找手机呢。
② 手机在杂志下面呢。
③ 我的手机在汉语书上面。

课文 해석 ➔ 78쪽

　지하철역에서 샤오팅의 집까지는 걸어서 10분 정도 걸린다. 지하철역 출구에 슈퍼마켓이 하나 있고, 슈퍼마켓 옆에는 은행이 하나 있다. 앞으로 200미터를 걸으면 커피숍이 하나 있고, 커피숍 뒤쪽은 공원이다. 샤오팅의 집은 바로 공원 근처다. 그녀는 이곳의 환경이 좋다고 생각한다.

读和说 정답 ➔ 79쪽

1 ① A　　　② B

2 ① 从地铁站到我家，走路要半个小时左右。
从地铁站到我家，骑自行车要二十分钟左右。
② 咖啡厅旁边是公园，书店就在公园附近。
咖啡厅对面是公园，饭馆儿就在公园附近。

语法 정답 ➔ 80~81쪽

1 ① 在　　② 有　　③ 有　　④ 在

3 ① 请往右边走。
② 请大家往对面看。

练习 정답 ➔ 82~83쪽

1 ① D　　　② A　　　③ C　　　④ B

녹음 원문
① 我的钱包不见了，你帮我找找。
② 桌子上有一本书。
③ 咖啡厅在超市上边。
④ 往前走一百米就能看到银行。

2 ① 在 / 下面
② 有
③ 往
④ 死了

3 ① 饭馆儿在咖啡厅旁边。
② 电脑旁边有两本书。

4 ① 火车站前边有很多人。
② 我的钥匙在书包里。
③ 往前走五十米，有一个公园。

복습 01

실력 테스트 정답 ➔ 92~94쪽

1 ① B / 改天 / gǎitiān / 다른 날에, 훗날에
   ② H / 或者 / huòzhě / 혹은, 아니면
   ③ J / 不错 / búcuò / 좋다, 괜찮다
   ④ E / 暖和 / nuǎnhuo / 따뜻하다
   ⑤ D / 还 / hái / 또한, 게다가

   녹음 원문
   ① 改天   ② 或者   ③ 不错
   ④ 暖和   ⑤ 还

2 ① ✕   ② ○   ③ ✕
   ④ ○   ⑤ ○

   녹음 원문
   ① 我一般坐地铁或者开车上班。
   ② 外边太冷了，咱们快进去吧。
   ③ 周末她有时候去饭馆儿吃饭，有时候在家吃饭。
   ④ 往前走两百米，有一个公园，公园后边就是我家。
   ⑤ 今天我和妹妹一起去逛街了。我买了一双运动鞋，她买了一条裤子。

3 ① 请
   ② 在
   ③ 就
   ④ 完

4 ① B   ② D   ③ A   ④ C

5 ① 我坐地铁去医院。
   ② 小猫在椅子上面。

6 참고 답안
   我坐地铁去学校。
   Wǒ zuò dìtiě qù xuéxiào.

   从我家到学校坐地铁要一个小时。
   Cóng wǒ jiā dào xuéxiào zuò dìtiě yào yí ge xiǎoshí.

从地铁站往前走，到银行往左拐就到了。
Cóng dìtiězhàn wǎng qián zǒu, dào yínháng wǎng zuǒ guǎi jiù dào le.

学校附近有银行、咖啡厅、超市和饭馆儿。
Xuéxiào fùjìn yǒu yínháng、kāfēitīng、chāoshì hé fànguǎnr.

07 我胃有点儿疼。
나는 위가 좀 아파요.

主要句子 해석 ➜ 96쪽

1 나는 위가 좀 아파요.
　나는 머리가 좀 아파요.
　나는 목이 좀 아파요.

2 그는 머리가 심하게 아파요.
　그는 배가 심하게 아파요.
　그는 기침을 심하게 해요.

3 당신은 잘 쉬어야 해요.
　당신은 잘 자야 해요.
　당신은 밥을 잘 먹어야 해요.

会话 해석 ➜ 98쪽

케이티 너 왜 그래?
샤오팅 나 위가 좀 아파.
케이티 병원에 갈래 안 갈래?
샤오팅 안 가도 돼, 약을 좀 먹으면 돼.

약국에서

약사 　어디가 불편하세요?
샤오팅 속이 메스껍고, 위가 심하게 아파요.
약사 　이 약을 이틀 먹어야 돼요. 커피는 조금만 드
　　　세요.

说一说 정답 ➜ 99쪽

참고 답안

① 她胃有点儿疼。
② 她不想去医院。
③ 那个药得吃两天。少喝点儿咖啡。

课文 해석 ➜ 100쪽

　요즘 동건은 일이 바빠서 잘 쉬지 못한다. 그는 어제
부터 기침을 하고 열이 나기 시작했는데, 감기에 걸린
것 같았다. 퇴근 후에 그는 머리가 심하게 아파서 바로
병원에 갔다. 의사는 그에게 주사를 맞고 약을 먹어야
하며, 따뜻한 물을 많이 마시고, 푹 쉬라고 했다.

读和说 정답 ➜ 101쪽

1 ① B　　　② B

2 ① 最近我工作很忙，睡得很少。
　　 最近我工作很忙，吃得不好。
　② 下班后，我眼睛疼得厉害。
　　 下班后，我嗓子疼得厉害。

语法 정답 ➜ 102~103쪽

1 ① 有点儿
　② 一点儿
　③ 一点儿
　④ 有点儿

2 ① 他们玩儿得很高兴。
　② 他吃得不多。

练习 정답 ➜ 104~105쪽

1 ① C　　② A　　③ D　　④ B

녹음 원문
① 您哪儿不舒服？
② 你要少喝点儿咖啡。
③ 她最近睡得很好。
④ 还有时间，你慢慢儿吃。

2 ① 多
　② 有点儿
　③ 一点儿
　④ 得

3 ① 他跑得很快。
　② 你少喝点儿酒。

4 ① 我眼睛有点儿疼。
　② 他穿得很漂亮。
　③ 你不要看电视，好好儿休息。

08 一个星期练三次瑜伽。

일주일에 세 번 요가를 해요.

主要句子　해석 → 108쪽

1 당신은 예전보다 살이 빠졌네요.
　우리 집은 그의 집보다 가까워요.
　비행기가 기차보다 빨라요.

2 일주일에 세 번 연습해요.
　일주일에 한 번 가요.
　일주일에 두 번 배워요.

3 그들은 아주 즐거워요.
　그들은 아주 귀여워요.
　그들은 아주 친절해요.

会话　해석 → 110쪽

샤오팅　너 예전보다 살 빠졌네.
다영　정말이야? 나 최근에 요가를 하기 시작했어.
샤오팅　그래? 일주일에 몇 번 하니?
다영　일주일에 세 번 요가를 하고, 달리기도 해.
샤오팅　너는 어느 헬스클럽에서 하니?
다영　바로 지하철역 근처의 헬스클럽이야.
　　　나는 그곳이 괜찮은 것 같아.

说一说　정답 → 111쪽

참고 답안

① 她觉得多英比以前瘦了。
② 她一个星期练三次瑜伽。
③ 我去健身房。我一个星期去两次。

课文　해석 → 112쪽

　동건은 야구광이다. 그는 자주 친구와 함께 야구장에 간다. 그들은 경기를 보면서 응원을 하는 게 너무 즐겁다. 한 달에 몇 번 야구장에 가는데, 동건은 업무 스트레스가 다 없어지는 것 같다고 느낀다.

读和说　정답 → 113쪽

1 ① A　　② B

2 ① 我是个足球迷，我经常跟朋友一起去看足球比赛。
　　我是个购物狂，我经常跟朋友一起去逛街。
　② 一个星期去几次健身房，我觉得压力都没有了。
　　一个星期去几次KTV，我觉得烦恼都没有了。

语法　정답 → 114~115쪽

1 ① 弟弟比我还高。 또는 弟弟比我更高。
　② 今天没有昨天冷。

2 ① 一个星期喝两次酒。
　② 我今天找了他三次。
　③ 我回了老家一趟。 또는 我回了一趟老家。

练习　정답 → 116~117쪽

1 ① A　　② C　　③ D　　④ B

> 녹음 원문
> ① 我最近开始练瑜伽了。
> ② 一个星期去三次健身房。
> ③ 我比她高。
> ④ 这家饭馆儿的菜好吃极了。

2 ① 一遍
　② 比
　③ 迷
　④ 极了

3 ① 我一个月去两次中国。
　② 这件衣服漂亮极了。

4 ① 我一个星期踢一次足球。
　② 这个比那个更便宜。
　③ 我今天跟朋友去游乐场了，开心极了。

你在做什么菜呢?

당신은 무슨 요리를 하고 있어요?

主要句子 해석 ➜ 120쪽

1 우리는 택시를 타고 왔어요.
우리는 지난달에 왔어요.
우리는 상하이에서 왔어요.

2 서있지 말고, 어서 앉으세요!
앉아 있지 말고, 어서 가세요!
누워 있지 말고, 어서 일어나세요!

3 몇 사람이 입구에서 기다리고 있어요.
학생 한 명이 입구에서 서있어요.
고양이 한 마리가 입구에서 엎드려 있어요.

会话 해석 ➜ 122쪽

샤오팅 환영해! 어서 들어와! 너희들 어떻게 왔어?
동건   우리는 택시 타고 왔어.
샤오팅 서있지 말고, 어서 앉아.
동건   고마워. 너 무슨 요리를 하고 있어? 냄새 정말 좋다!
샤오팅 나는 중국요리를 하고 있는데, 너희들이 좋아하면 좋겠어.
동건   걱정하지 마, 우리 모두 중국요리를 즐겨 먹어.

说一说 정답 ➜ 123쪽

참고 답안

① 他是打车去小婷家的。
② 她在做中国菜。
③ 我以前经常去朋友家吃饭，朋友做饭做得很好吃。

课文 해석 ➜ 124쪽

　샤오팅은 매운 음식 먹는 것을 좋아하는데, 마라샹궈 먹는 것을 제일 좋아한다. 오늘 동건은 그녀를 데리고 한 식당에 갔다. 동건은 이 식당이 매우 유명하다고 했다. 그들이 식당에 도착했을 때, 몇 사람이 입구에서 기다리고 있었다. 그들은 한참 동안을 기다려서야 들어갔지만, 매우 즐겁게 먹었다.

读和说 정답 ➜ 125쪽

1 ① B　　　② A

2 ① 今天朋友带我去了棒球场。
今天爸爸带我去了海边。
② 他们等了半天才买到。
他们玩儿了半天才去吃饭。

语法 정답 ➜ 126〜127쪽

1 ① 我是从美国来的。
② 他是坐地铁回去的。

2 ① 外边在下雨，今天别出去了!
② 别等我，你们先吃吧!

3 ① C　　　② B

练习 정답 ➜ 128〜129쪽

1 ① C　　　② D　　　③ B　　　④ A

녹음 원문
① 我是打车来的。
② 她在床上躺着看书。
③ 走路的时候，别玩儿手机了。
④ 我带朋友去滑雪。

2 ① 时候
② 别
③ 爱
④ 着

3 ① 我是坐地铁来的。
② 别玩儿电脑了!

4 ① 他躺着看电视。
② 我带儿子去电影院了。
③ 这是在百货商店买的。

10 春天越来越短了。
봄이 점점 짧아져요.

主要句子 해석 → 132쪽

1 봄이 점점 짧아져요.
날씨가 점점 더워져요.
그는 점점 젊어져요.

2 여름을 어떻게 보내야 할지 정말 모르겠어요!
중국어를 어떻게 공부해야 할지 정말 모르겠어요!
시험을 어떻게 준비해야 할지 정말 모르겠어요!

3 그는 할 수 없이 비가 그치길 기다리고 있어요.
그는 할 수 없이 새차를 샀어요.
그는 할 수 없이 라면을 먹었어요.

会话 해석 → 134쪽

동건   오늘 왜 이렇게 덥죠?
혜진   그러게요. 더워 죽겠어요. 우리 에어컨을 켜요.
동건   좋아요. 내가 켤게요.
혜진   요 몇 년 봄이 점점 짧아지고, 여름이 빨리 와요.
동건   게다가 여름은 갈수록 더워지고요.
혜진   올해 여름은 어떻게 보내야 할지 모르겠어요!
동건   나도 그래요. 더위는 정말 무서워요.

说一说 정답 → 135쪽

참고 답안

① 今天天气热死了。
② 她觉得这几年春天越来越短了。
③ 我最喜欢冬天，冬天下雪很漂亮。

课文 해석 → 136쪽

　여름이 되고, 날씨가 점점 더워졌다. 게다가 최근에는 자주 비가 내린다. 오늘 아침에 하늘이 맑아서 동건은 우산을 안 가지고 외출했다. 오후에 그가 편의점에 갔을 때 갑자기 비가 내렸다. 밖에 비가 점점 더 많이 내려 그는 할 수 없이 편의점에서 비가 그치길 기다렸다.

读和说 정답 → 137쪽

1 ① A   ② A

2 ① 天气越来越冷了，而且经常下雪。
　　天气越来越奇怪了，而且经常刮风。
　② 他下车的时候，突然摔倒了。
　　他到家的时候，突然停电了。

语法 정답 → 138~139쪽

1 ① 天气越来越暖和了。
② 你越来越漂亮了。
③ 小狗吃得越来越多了。

2 ① 会   ② 该

3 ① 只好出去吃
② 只好打车

练习 정답 → 140~141쪽

1 ① D   ② B   ③ A   ④ C

녹음 원문
① 今天我该早点儿睡觉。
② 外边雨下得越来越大了，我只好在家休息。
③ 路上的车越来越多了。
④ 你想吃什么？你来点菜吧。

2 ① 只好
② 来
③ 该
④ 突然

3 ① 雪下得越来越大了。
② 我们只好回家看电视吧。

4 ① 汉语越来越有意思。
② 我到家的时候，雨突然停了。
③ 你该每天运动。

11 我打算去江原道旅游。

나는 강원도에 여행 갈 계획이에요.

主要句子 해석 → 144쪽

1 나는 강원도로 여행을 갈 계획이에요.
나는 캐나다로 유학을 갈 계획이에요.
나는 영국으로 출장을 갈 계획이에요.

2 여동생이 나에게 상하이의 기념품을 사오라고 했
어요.
엄마가 나에게 방을 청소하라고 하셨어요.
아빠가 나에게 공부하라고 하셨어요.

3 그녀는 분명히 좋아할 거예요.
그녀는 분명히 만족할 거예요.
그녀는 분명히 실망할 거예요.

会话 해석 → 146쪽

동건 여름 방학인데, 너는 무슨 계획이 있어?
샤오팅 나는 강원도에 여행 갈 계획이야.
동건 거기 경치는 아름답고, 맛있는 음식도 많아.
샤오팅 다른 친구도 이렇게 말했어.
　　　너는 여행 계획이 있어 없어?
동건 다음 주에 나는 상하이로 출장을 가야 해.
샤오팅 그럼 너는 톈쯔팡에 가서 구경할 수 있겠네.

说一说 정답 → 147쪽

참고 답안

① 暑假她打算去江原道旅游。
② 他得去上海出差。
③ 我觉得江原道风景很美，而且好吃的也
很多。

课文 해석 → 148쪽

　오늘은 동건이 상하이 출장의 마지막 날이어서, 오
후에 그는 톈쯔팡에 갔다. 거기에는 자그마한 특색 있
는 가게가 많이 있었다. 상하이에 오기 전에 동건의
여동생은 그에게 상하이의 기념품을 사오라고 했다.
그는 톈쯔팡에서 여동생에게 줄 선물을 많이 샀다. 그
는 여동생이 분명 좋아할 거라고 생각했다.

读和说 정답 → 149쪽

1 ① B　　　② A

2 ① 今天是他上班的第一天。
今天是他旅游的第二天。
② 他给家人写了信，他想家人一定会感
动的。
他给家人准备了晚饭，他想家人一定
会开心的。

语法 정답 → 150～151쪽

2 ① 奶奶让我吃苹果。
② 他让大家下班。

3 ① 내일은 눈이 올 거야. [추측]
② 그는 중국요리를 할 줄 안다. [능력]
③ 저녁 11시가 되었으니, 그가 올 리 없어. [추측]

练习 정답 → 152～153쪽

1 ① D　　② C　　③ A　　④ B

녹음 원문
① 周末我打算去北京旅游。
② 我给弟弟买了礼物，我想他一定会高兴的。
③ 妈妈让我喝牛奶。
④ 今天会下雨的，你带雨伞去吧。

2 ① 打算
② 会 / 的
③ 让
④ 得

3 ① 我打算去法国旅游。
② 下午不会下雨的。

4 ① 公司让我去北京出差。
② 周末我打算去明洞买衣服。
③ 我想妈妈一定会满意的。

12 我会想你们的。

나는 당신들이 보고 싶을 거예요.

主要句子 해석 ➔ 156쪽

1 그녀는 금요일에 곧 귀국해요.
그녀는 다음 주에 곧 졸업해요.
그녀는 모레 곧 결혼해요.

2 우리는 모두 당신과 헤어지기 너무 아쉬워요.
우리는 모두 떠나기 너무 아쉬워요.
우리는 모두 그가 출국해서 너무 아쉬워요.

3 그녀는 한국에 온 지 2년 되었어요.
그녀는 귀국한 지 5개월 되었어요.
그녀는 유학 간 지 반년 되었어요.

会话 해석 ➔ 158쪽

동건 너 금요일이면 곧 귀국하는구나. 우리는 너와
헤어지기 너무 아쉬워.

샤오팅 나도 그래. 도와주고 챙겨 줘서 정말 고마웠어.
너희들이 그리울 거야.

다영 너 돌아가서 한국어 공부 열심히 해야 해.

샤오팅 노력할게! 너희들이 베이징으로 놀러 오면 좋
겠어.

동건 좋아. 우리가 꼭 베이징에 너를 보러 갈게.

说一说 정답 ➔ 159쪽

참고 답안

① 她星期五回国。
② 她让小婷回国后学习韩语。
③ 她希望东建和多英来北京玩儿。

课文 해석 ➔ 160쪽

　샤오팅은 한국에 온 지 2년이 되었다. 그녀는 시간
이 정말 빨리 지났다고 생각한다. 모레 곧 귀국하는
데, 그녀는 한국을 떠나고, 친구들을 떠나는 것이 몹
시 아쉽다. 그녀는 한국에서 다른 나라의 친구들을
많이 사귀었다. 이 친구들은 그녀에게 큰 도움을 주어
서, 그녀는 그들을 잊지 못할 것이다.

读和说 정답 ➔ 161쪽

1 ① B　　　② A

2 ① 我工作已经两年了，我觉得时间过得
真慢。
我毕业已经两年了，我觉得时间过得
真快。
② 我交了很多善良的朋友，他们给了我
很大的帮助。
我交了很多性格好的朋友，他们给了
我很大的鼓励。

语法 정답 ➔ 162~163쪽

1 ① 下周就要考试了。
② 牛奶就要喝完了。
③ 春天快要来了。

3 ① 她坐地铁坐了三十分钟。
② 我离开老家半个月了。
③ 他做了一个小时的中国菜。

练习 정답 ➔ 164~165쪽

1 ① B　　　② A　　　③ D　　　④ C

　녹음 원문

　① 火车就要出发了。
　② 他们结婚五年了。
　③ 这件衣服太贵了，她舍不得买。
　④ 她骑自行车骑了半天。

2 ① 一个小时
② 就要
③ 已经
④ 舍不得

3 ① 就要下雨了。
② 我快要到了。

4 ① 她下个月就要毕业了。
② 妈妈舍不得儿子去留学。
③ 我来北京已经四年了。

복습 O2

실력 테스트 정답 ➜ 174~176쪽

1 ① G / 出差 / chūchāi / 출장하다

② J / 最后 / zuìhòu / 최후, 마지막

③ B / 希望 / xīwàng / 희망하다, 바라다

④ I / 比赛 / bǐsài / 경기, 시합

⑤ C / 舍不得 / shěbude / 아쉬워하다, 아까워하다

녹음 원문

① 出差　　② 最后　　③ 希望
④ 比赛　　⑤ 舍不得

2 ① ×　　② ○　　③ ○

④ ×　　⑤ ×

녹음 원문

① 晚上会下雨，你带雨伞吧。
② 下星期就要考试了，我该好好儿学习。
③ 都十一点了，弟弟还在看电视，妈妈让他去睡觉。
④ 有几个人在餐厅门口等着，他们等了半天才进去。
⑤ 他最喜欢看网球比赛，一个月看几次比赛。

3 ① 一点儿
② 别
③ 只好
④ 有点儿

4 ① D　　② C　　③ A　　④ B

5 ① 她在公园坐着看书。
② 明天你打算做什么?

6 참고 답안
我一年旅游两次。
Wǒ yì nián lǚyóu liǎng cì.

今年暑假，我打算去济州岛旅游。
Jīnnián shǔjià, wǒ dǎsuàn qù Jìzhōudǎo lǚyóu.

我觉得那里的风景很美，而且美食也很多。
Wǒ juéde nàlǐ de fēngjǐng hěn měi, érqiě měishí yě hěn duō.

我打算坐船去或者坐飞机去。
Wǒ dǎsuàn zuò chuán qù huòzhě zuò fēijī qù.

찾아 보기

독해의 달인이 되는 필독 기본서
재미와 감동, 문화까지 맛있게 독해하자

엄영권 지음 | ❶ 228쪽 · ❷ 224쪽
각 권 값 14,500원(MP3 파일 무료 다운로드)

작문의 달인이 되는 필독 기본서
어법과 문장구조, 어감까지 익혀 거침없이 작문하자

한민이 지음 | 각 권 204쪽 | 각 권 값 13,500원

중국어의
달인이 되는
필독 기본서

어법의 달인이 되는 필독 기본서
중국어 어법 A to Z 빠짐없이 잡는다

한민이 지음 | 280쪽 | 값 17,500원
(본책+워크북+발음 MP3 파일 무료 다운로드)

듣기의 달인이 되는 필독 기본서
듣기 집중 훈련으로 막힌 귀와 입을 뚫는다

김효정 · 이정아 지음 | 232쪽 | 값 15,000원
(본책+워크북+MP3 파일 무료 다운로드)

THE **맛있게**
THE **쉽게** 즐기세요!

시작에서
합격까지
4주
완성!

박수진 저 | 19,500원

기본서, 해설집, 모의고사 **All In One** 구성

한눈에 보이는 공략 　간략하고 명쾌한　 실전에 강한

 + + + 1~2급

기본서　　　　**해설집**　　　　**모의고사**　　　**필수단어 300**

박수진 저 | 22,500원　　왕수인 저 | 23,500원　　장영미 저 | 24,500원　　JRC 중국어연구소 저 | 25,500원

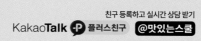

최신개정

스피킹 중국어

JRC 중국어연구소 기획·저

워크북

STEP

2

맛있는 books

chapter 01

你吃早饭了吗?

당신은 아침 먹었어요?

- 학습일 : _____ / _____
- 본책 13~24쪽

01 간체자 쓰기 획순에 맞게 단어를 써보세요.

贵 guì 혱 비싸다 (貴)	一 一 艹 虫 虫 虫 贵 贵 贵				
	贵	贵			
	guì	guì			

早上 zǎoshang 몡 아침	一 丨 冂 日 旦 므 早 丨 卜 上			
	早上			
	zǎoshang			

了 le 죄 동작의 완료 또는 실현을 나타내는 조사	⌐ 了				
	了	了			
	le	le			

前 qián 몡 (시간) 전, 그전, 이전	丷 丷 广 广 广 前 前 前 前				
	前	前			
	qián	qián			

汉堡 hànbǎo 명 햄버거 (漢堡)	丶丶氵汀汉 丿亻仁仃仴仴侸保保堡堡		
	汉堡		
	hànbǎo		

便宜 piányi 형 (가격이) 싸다	丿亻仁伫伫佰佰便便 丶丶宀宀宁官官宜		
	便宜		
	piányi		

面条 miàntiáo 명 국수 (麵條)	一一广丙而而面面面 丿夂夂冬条条条		
	面条		
	miàntiáo		

爬山 páshān 동 등산하다	丶厂厂爪爬爬爬爬 丨凵山		
	爬山		
	páshān		

作业 zuòyè 명 숙제, 과제 (作業)	丿亻仁仁作作作 丨丨丬业业		
	作业		
	zuòyè		

단어 체크 다음 뜻에 해당하는 중국어와 병음을 쓰세요.

① 아침(밥)   〔중국어〕_____   〔병음〕_____

② 샌드위치   〔중국어〕_____   〔병음〕_____

③ 이따금, 때때로   〔중국어〕_____   〔병음〕_____

④ ~하면서 ~하다   〔중국어〕_____   〔병음〕_____

⑤ 똑똑하다   〔중국어〕_____   〔병음〕_____

03 **어법 체크** 다음 문장을 바르게 고치세요.

① 我吃一碗了饭。

➜ _____

② 他没有回家了。

➜ _____

③ 我周末见朋友，有时候在家看电影。

➜ _____

④ 他又帅他又聪明。

➜ _____

04 **회화 체크** 녹음을 듣고 빈칸을 채운 후 대화를 완성하세요.

track 01

A ❶_____好!

_____ hǎo!

B 早! 你吃❷_____了吗?

Zǎo! Nǐ chī _____ le ma?

A 还没吃。

Hái méi chī.

B 我有三明治，你❸_____吃?

Wǒ yǒu sānmíngzhì, nǐ _____ chī?

A 太谢谢你了! 这是你❹_____吗?

Tài xièxie nǐ le! Zhè shì nǐ _____ ma?

B 唉，我❺_____时间做三明治啊? 是买的。

Ài, wǒ _____ shíjiān zuò sānmíngzhì a? Shì mǎi de.

05 **본문 체크** 빈칸에 알맞은 단어를 써서 문장을 완성하세요.

东建早上九点上班。上班_____，他_____吃饭，

Dōngjiàn zǎoshang jiǔ diǎn shàngbān. Shàngbān qián, tā yǒushíhou chī fàn,

_____不吃饭。今天东建去了一家_____，那家

yǒushíhou bù chī fàn.　　Jīntiān Dōngjiàn qùle yì jiā hànbǎodiàn,　　nà jiā

的汉堡_____好吃_____便宜，他很喜欢。

de hànbǎo yòu hǎochī yòu piányi,　　　　tā hěn xǐhuan.

chapter 02

电话号码是多少?

전화번호가 몇 번이에요?

■학습일 : _____ / _____

■본책 25~36쪽

01 간체자 쓰기 → 획순에 맞게 단어를 써보세요.

号码 hàomǎ 몡 번호 (號碼)	١ ㅁ ㅁ 号 号 一 ㄱ 石 石 石 砫 码 码		
	号码		
	hàomǎ		

送 sòng 동 배달하다, 보내다, 선물하다	` ` ` ` ` ` ` 关 关 关 送 送			
	送	送		
	sòng	sòng		

外卖 wàimài 몡 포장 판매 음식, 배달 음식 (外賣)	ノ ク タ 外 外 一 十 キ キ キ 走 卖 卖		
	外卖		
	wàimài		

份 fèn 양 분, 몫, 세트	ノ イ 仏 仏 份 份			
	份	份		
	fèn	fèn		

地址 dìzhǐ 몡 주소	一 十 土 払 地 地 地 一 十 土 払 払 払 址 地址 dìzhǐ

请 qǐng 동 ~하세요, (~에게 ~을) 청하다 (請)	` 讠 订 讠 讠 讠 请 请 请 请　请 qǐng　qǐng

发 fā 동 보내다, 발송하다 (發)	乙 𠂉 岁 发 发 发　发 fā　fā

短信 duǎnxìn 몡 문자 메시지	ノ ト 上 乒 矢 矢 知 知 知 短 短 短 ノ 亻 亻 亻 信 信 信 信 信 短信 duǎnxìn

自己 zìjǐ 때 자기, 자신	´ ⺊ 勹 白 自 自 一 コ 己 自己 zìjǐ

단어 체크 다음 뜻에 해당하는 중국어와 병음을 쓰세요.

❶ 짜장면 （중국어）_____ （병음）_____

❷ 오전 （중국어）_____ （병음）_____

❸ 일반적으로 （중국어）_____ （병음）_____

❹ 이제서야, 비로소 （중국어）_____ （병음）_____

❺ 맛보다 （중국어）_____ （병음）_____

03 **어법 체크** 제시된 단어를 배열하여 문장을 완성하세요.

❶ 朋友 / 玩儿 / 请 / 我家 / 来 / 我

➜ _____

　 나는 친구를 우리 집에 놀러 오라고 초대했다.

❷ 九点半 / 上课 / 才 / 来 / 他

➜ _____

　 그는 9시 반이 되어서야 수업에 왔다.

❸ 她 / 就 / 早饭 / 六点 / 吃 / 了

➜ _____

　 그녀는 6시에 이미 아침밥을 먹었다.

❹ 看 / 本 / 你 / 看 / 这 / 一 / 书

➜ _____

　 당신 이 책 좀 봐요.

track 02

04 **회화 체크** 녹음을 듣고 빈칸을 채운 후 대화를 완성하세요.

A 香园饭馆儿的❶_____是多少?
　Xiāngyuán Fànguǎnr de _____ shì duōshao?

B 567-3861。
　Wǔ liù qī - sān bā liù yāo.

　…

A 喂，你好! 你们送❷_____吗?
　Wéi, nǐ hǎo!　Nǐmen sòng _____ ma?

C 我们送外卖，您要什么?
　Wǒmen sòng wàimài, nín yào shénme?

A 一❸_____炸酱面和一❹_____水饺，地址是大学路23号。
　Yì _____ zhájiàngmiàn hé yí _____ shuǐjiǎo, dìzhǐ shì Dàxuélù èrshísān hào.

C 好的，请❺_____。
　Hǎode, qǐng _____.

05 **본문 체크** 빈칸에 알맞은 단어를 써서 문장을 완성하세요.

> 周末东建一般_____电视，见见朋友。今天是星期天，
> Zhōumò Dōngjiàn yìbān kànkan diànshì, jiànjian péngyou. Jīntiān shì xīngqītiān,
>
> 东建上午十点_____起床。起床后，东建给一个朋友
> Dōngjiàn shàngwǔ shí diǎn cái qǐchuáng. Qǐchuáng hòu, Dōngjiàn gěi yí ge péngyou
>
> _____，_____他来自己家玩儿。
> fā duǎnxìn, qǐng tā lái zìjǐ jiā wánr.

chapter 03

最近天气暖和了。

요즘 날씨가 따뜻해졌어요.

- 학습일 : _____ / _____
- 본책 37~48쪽

01 간체자 쓰기 획순에 맞게 단어를 써보세요.

最近 zuìjìn 명 최근, 요즘	一 口 曰 曱 罒 昌 昌 昻 昻 最 最 一 厂 斤 斤 沂 近 近		
	最近		
	zuìjìn		

天气 tiānqì 명 날씨 (天氣)	一 二 于 天 丿 仁 仨 气		
	天气		
	tiānqì		

真 zhēn 부 정말로, 진짜로 형 진실이다, 사실이다 (眞)	一 十 十 古 古 苜 苜 直 真 真				
	真	真			
	zhēn	zhēn			

不错 búcuò 형 좋다, 괜찮다 (不錯)	一 丆 才 不 丿 卜 卡 卡 钅 钅 钅 针 铁 错 错 错 错		
	不错		
	búcuò		

午饭 wǔfàn 몡 점심(밥) (午饭)	ノ 广 仁 午 ノ ヤ 钅 钇 饣 饭 饭		
	午饭		
	wǔfàn		

红 hóng 혱 붉다, 빨갛다 (红)	ㄥ ㄠ ㄠ 纟 红 红 红		
	红	红	
	hóng	hóng	

绿 lǜ 혱 푸르다 (綠)	ㄥ ㄠ ㄠ 纟 纤 纤 纤 纤 绿 绿 绿		
	绿	绿	
	lǜ	lǜ	

蓝 lán 혱 파랗다 (蓝)	一 艹 艹 艹 艹 芷 艿 蓝 蓝 蓝 蓝 蓝		
	蓝	蓝	
	lán	lán	

黑 hēi 혱 까맣다	丨 冂 冋 冈 里 里 里 里 黑 黑 黑 黑		
	黑	黑	
	hēi	hēi	

단어 체크 다음 뜻에 해당하는 중국어와 병음을 쓰세요.

① 또한, 게다가 　중국어 _____ 　병음 _____

② 따뜻하다 　중국어 _____ 　병음 _____

③ 잡담하다, 이야기하다 　중국어 _____ 　병음 _____

④ 나가다 　중국어 _____ 　병음 _____

⑤ 사진을 찍다 　중국어 _____ 　병음 _____

03 **어법 체크** 다음 문장을 바르게 고치세요.

① 他现在有了女朋友。

→ _____

② 你不要下去，我上去。

→ _____

③ 我在外边，你快进去吧。

→ _____

④ 爸爸又听音乐，一边看书。

→ _____

track 03

04 회화 체크 녹음을 듣고 빈칸을 채운 후 대화를 완성하세요.

A 最近天气❶_____了。
　Zuìjìn tiānqì _____ le.

B 是啊，今天天气真❷_____！
　Shì a, jīntiān tiānqì zhēn _____!

A 天气这么好，能❸_____玩儿就好了！
　Tiānqì zhème hǎo, néng _____ wánr jiù hǎo le!

B ❹_____啊，我们❺_____工作。
　_____ a, wǒmen _____ gōngzuò.

A 你看，到午饭❻_____。
　Nǐ kàn, dào wǔfàn _____.

❼_____出去吃饭吧。
　_____ chūqu chī fàn ba.

05 본문 체크 빈칸에 알맞은 단어를 써서 문장을 완성하세요.

最近_____暖和了，花红了，树也绿了，_____
Zuìjìn tiānqì nuǎnhuo le, huā hóng le, shù yě lù le, duō

漂亮_____！今天小婷_____多英去看樱花了。她们
piàoliang a! Jīntiān Xiǎotíng gēn Duōyīng qù kàn yīnghuā le. Tāmen

_____聊天，_____拍照，_____吃了东西。她们
yìbiān liáotiān, yìbiān pāizhào, hái chīle dōngxi. Tāmen

今天非常_____。
jīntiān fēicháng kāixīn.

chapter 04

我可以看一下吗?

제가 좀 봐도 될까요?

- 학습일 : _____ / _____
- 본책 49~60쪽

01 간체자 쓰기 획순에 맞게 단어를 써보세요.

条 tiáo 양 가늘고 긴 것을 세는 단위 (條)	´ ク ヌ 夂 夂 条 条				
	条	条			
	tiáo	tiáo			

千 qiān ㊛ 천, 1,000	ー 二 千				
	千	千			
	qiān	qiān			

下次 xià cì 다음 번	ー 丁 下 ` 冫 冫 次 次 次			
	下次			
	xiàcì			

改天 gǎitiān 图 다른 날에, 훗날에	¬ ¬ ¬ ¬ ¬ ¬ ¬ ¬ ¬ ¬ ¬ ¬ ー 二 チ 天		
	改天		
	gǎitiān		

逛 guàng 통 구경하다, 돌아다니다	⟋ ⟋⟋ ⟋⟋ ⟋⟋ ⟋⟋ 犭 狅 逛 逛				
	逛	逛			
	guàng	guàng			

街 jiē 명 길, 거리	⟋ ⟋ 彳 彳 彳 往 往 往 往 街 街 街				
	街	街			
	jiē	jiē			

一些 yìxiē 양 약간, 조금	一 丨 卜 此 此 些 些 些				
	一些				
	yìxiē				

少 shǎo 형 (수량이) 적다	丨 ⅃ 小 少				
	少	少			
	shǎo	shǎo			

完 wán 통 완성하다, 끝내다	⟋ 宀 宀 宇 宇 完				
	完	完			
	wán	wán			

02 **단어 체크** 다음 뜻에 해당하는 중국어와 병음을 쓰세요.

❶ 청바지 　　　 (중국어) ＿＿＿＿＿＿＿＿ 　　　 (병음) ＿＿＿＿＿＿＿＿

❷ 화장품 　　　 (중국어) ＿＿＿＿＿＿＿＿ 　　　 (병음) ＿＿＿＿＿＿＿＿

❸ 한국 돈, 한화 　 (중국어) ＿＿＿＿＿＿＿＿ 　　　 (병음) ＿＿＿＿＿＿＿＿

❹ 준비하다 　　 (중국어) ＿＿＿＿＿＿＿＿ 　　　 (병음) ＿＿＿＿＿＿＿＿

❺ 산책하다 　　 (중국어) ＿＿＿＿＿＿＿＿ 　　　 (병음) ＿＿＿＿＿＿＿＿

03 **어법 체크** 제시된 단어를 배열하여 문장을 완성하세요.

❶ 你 / 做的 / 一下 / 尝 / 菜 / 我

➜ ＿＿＿＿＿＿＿＿＿＿＿＿＿＿＿＿＿＿＿＿＿＿＿＿＿＿＿
　내가 만든 요리 맛 좀 보세요.

❷ 好了 / 都 / 大家 / 准备 / 吗

➜ ＿＿＿＿＿＿＿＿＿＿＿＿＿＿＿＿＿＿＿＿＿＿＿＿＿＿＿
　모두들 준비되었나요?

❸ 买 / 我 / 大衣 / 到 / 没

➜ ＿＿＿＿＿＿＿＿＿＿＿＿＿＿＿＿＿＿＿＿＿＿＿＿＿＿＿
　나는 외투를 사지 못했다.

❹ 妈妈的 / 我 / 给 / 好了 / 生日蛋糕 / 做

➜ ＿＿＿＿＿＿＿＿＿＿＿＿＿＿＿＿＿＿＿＿＿＿＿＿＿＿＿
　나는 엄마에게 줄 생일 케이크를 다 만들었다.

A 你买衣服了？我可以看❶_____吗？
　　Nǐ mǎi yīfu le?　Wǒ kěyǐ kàn _____ ma?

B ❷_____啊。我买了一件T恤和一条牛仔裤。
　　_____ a.　Wǒ mǎile yí jiàn T-xù hé yì tiáo niúzǎikù.

A 这条牛仔裤太好看了，❸_____？
　　Zhè tiáo niúzǎikù tài hǎokàn le, _____ ?

B 四万八千❹_____。
　　Sìwàn bāqiān _____ .

A 很❺_____啊，下次我也去那儿买衣服。
　　Hěn _____ a, xià cì wǒ yě qù nàr mǎi yīfu.

B 好的，❻_____我们一起去吧。
　　Hǎode, _____ wǒmen yìqǐ qù ba.

05 본문 체크 빈칸에 알맞은 단어를 써서 문장을 완성하세요.

今天小婷和凯蒂一起去明洞_____了。她们买了一些
Jīntiān Xiǎotíng hé Kǎidì yìqǐ qù Míngdòng guàng jiē le.　Tāmen mǎile yìxiē

化妆品，凯蒂_____了几件衣服。她们都花了_____
huàzhuāngpǐn, Kǎidì hái mǎi le jǐ jiàn yīfu.　Tāmen dōu huāle bù shǎo

钱。_____东西后，她们_____去吃晚饭了。
qián. Mǎiwán dōngxi hòu,　tāmen yìqǐ qù chī wǎnfàn le.

chapter **05**

你知道怎么去唐人街吗？

당신은 차이나타운에 어떻게 가는지 알아요?

■ **학습일** : _____ / _____
■ **본책** 61~72쪽

01 **간체자 쓰기** 획순에 맞게 단어를 써보세요.

知道 zhīdào 통 알다	ノ ← ↖ 矢 矢 知 知 知 ソ ヴ ヴ ヴ 首 首 首 首 首 道 道 道
	知道
	zhīdào

从 cóng 개 ~에서 (從)	ノ 人 从 从
	从	从		
	cóng	cóng		

远 yuǎn 형 멀다 (遠)	一 二 テ 元 元 远 远
	远	远		
	yuǎn	yuǎn		

还是 háishi 부 그래도, 여전히, 역시 (還是)	一 ア オ 不 不 还 还 丨 冂 冂 日 旦 早 早 是 是
	还是		
	háishi		

每天 **měi tiān** 매일, 날마다	ノ ノ ケ 仁 每 每 每 每 一 二 于 天		
	每天		
	měi tiān		

走 **zǒu** 동 걷다, 떠나다, 가다	一 十 土 キ 卡 走 走				
	走	走			
	zǒu	zǒu			

飞机 **fēijī** 명 비행기 (飛機)	乙 飞 飞 一 十 才 木 机 机		
	飞机		
	fēijī		

船 **chuán** 명 배	′ 亅 月 月 月 舟 舟 舡 船 船				
	船	船			
	chuán	chuán			

新闻 **xīnwén** 명 뉴스, 기사 (新聞)	′ 亠 产 产 立 辛 辛 亲 新 新 新 ′ 门 门 闩 闻 闻 闻 闻		
	新闻		
	xīnwén		

단어 체크 다음 뜻에 해당하는 중국어와 병음을 쓰세요.

① 지하철　　　중국어 ＿＿＿＿＿＿＿　　병음 ＿＿＿＿＿＿＿

② 버스　　　　중국어 ＿＿＿＿＿＿＿　　병음 ＿＿＿＿＿＿＿

③ 혹은, 아니면　중국어 ＿＿＿＿＿＿＿　　병음 ＿＿＿＿＿＿＿

④ 대략, 대개　　중국어 ＿＿＿＿＿＿＿　　병음 ＿＿＿＿＿＿＿

⑤ 시간　　　　중국어 ＿＿＿＿＿＿＿　　병음 ＿＿＿＿＿＿＿

03 **어법 체크** 제시된 단어를 배열하여 문장을 완성하세요.

① 他 / 要 / 中国 / 船 / 去 / 坐

➜ ＿＿＿＿＿＿＿＿＿＿＿＿＿＿＿＿＿＿＿＿＿＿＿＿＿＿＿

그는 배를 타고 중국에 가려 한다.

② 从 / 走 / 到 / 地铁站 / 分钟 / 我家 / 就到 / 五

➜ ＿＿＿＿＿＿＿＿＿＿＿＿＿＿＿＿＿＿＿＿＿＿＿＿＿＿＿

지하철역에서 우리 집까지 5분 걸으면 바로 도착한다.

③ 自行车 / 我 / 每天 / 骑 / 学校 / 去

➜ ＿＿＿＿＿＿＿＿＿＿＿＿＿＿＿＿＿＿＿＿＿＿＿＿＿＿＿

나는 매일 자전거를 타고 학교에 간다.

④ 去 / 自己 / 半 / 开车 / 要 / 两个 / 小时 / 大概

➜ ＿＿＿＿＿＿＿＿＿＿＿＿＿＿＿＿＿＿＿＿＿＿＿＿＿＿＿

직접 운전해서 가면 대략 두 시간 반 걸린다.

04 회화 체크 → 녹음을 듣고 빈칸을 채운 후 대화를 완성하세요.

A 你知道❶_____唐人街吗?
Nǐ zhīdào _____ Tángrénjiē ma?

B 可以坐地铁去，也可以坐公共汽车去。
Kěyǐ zuò dìtiě qù, yě kěyǐ zuò gōnggòng qìchē qù.

A 从这儿到那儿要❷_____时间?
Cóng zhèr dào nàr yào _____ shíjiān?

B ❸_____要一个半❹_____。
_____ yào yí ge bàn _____.

A 这么远啊，但我❺_____想去看看。
Zhème yuǎn a, dàn wǒ _____ xiǎng qù kànkan.

B 好，我们下周六一起去吧。
Hǎo, wǒmen xià zhōuliù yìqǐ qù ba.

05 본문 체크 → 빈칸에 알맞은 단어를 써서 문장을 완성하세요.

小婷每天_____去学校。_____她家_____学校
Xiǎotíng měi tiān zuò dìtiě qù xuéxiào. Cóng tā jiā dào xuéxiào

要一个小时。在地铁里，她_____看看书、听听音乐，
yào yí ge xiǎoshí. Zài dìtiě li, tā yìbān kànkan shū、tīngting yīnyuè,

_____玩儿玩儿手机。下车后，走_____就可以到
huòzhě wánrwanr shǒujī. Xià chē hòu, zǒu wǔ fēnzhōng jiù kěyǐ dào

学校。
xuéxiào.

chapter 06

我的手机不见了。

내 핸드폰이 없어졌어요.

- 학습일 : _____ / _____
- 본책 73~84쪽

01 **간체자 쓰기** 획순에 맞게 단어를 써보세요.

重要 zhòngyào 형 중요하다	一 一 一 一 一 一 百 車 重 重 一 一 一 一 一 一 要 要 要		
	重要		
	zhòngyào		

死了 sǐ le ~해 죽겠다	一 厂 万 歹 夕 死 一 了		
	死了		
	sǐ le		

终于 zhōngyú 부 드디어 (終於)	' ' ' ' 些 终 终 终 一 二 于		
	终于		
	zhōngyú		

左右 zuǒyòu 명 가량, 정도, 쯤	一 ナ 左 左 左 一 ナ 才 右 右		
	左右		
	zuǒyòu		

往 wǎng 개 ~쪽으로, ~을 향해	ノ 彳 彳 彳 彳 往 往 往
	往 往
	wǎng wǎng

米 mǐ 양 미터(m)	丶 丷 丷 半 米 米
	米 米
	mǐ mǐ

附近 fùjìn 명 부근, 근처	阝 阝 阝 阝 阝 附 附 一 厂 斤 斤 斤 䜣 近
	附近
	fùjìn

觉得 juéde 동 ~라고 생각하다, ~라고 느끼다 (覺得)	丶 丷 ⺍ ⺍ 尚 尚 觉 觉 觉 ノ 彳 彳 彳 彳 徂 徂 徂 得 得 得
	觉得
	juéde

环境 huánjìng 명 환경 (環境)	一 二 千 王 王 环 环 环 一 十 土 圹 圹 圹 圹 圹 培 培 培 境 境 境
	环境
	huánjìng

02 〔단어 체크〕 다음 뜻에 해당하는 중국어와 병음을 쓰세요.

❶ 출구 　　〔중국어〕 ＿＿＿＿＿＿＿＿　〔병음〕 ＿＿＿＿＿＿＿＿＿

❷ 탁자, 테이블 　〔중국어〕 ＿＿＿＿＿＿＿　〔병음〕 ＿＿＿＿＿＿＿＿＿

❸ 조급하다, 초조해하다 〔중국어〕 ＿＿＿＿＿　〔병음〕 ＿＿＿＿＿＿＿＿＿

❹ 잡지 　　〔중국어〕 ＿＿＿＿＿＿＿＿　〔병음〕 ＿＿＿＿＿＿＿＿＿

❺ 지갑 　　〔중국어〕 ＿＿＿＿＿＿＿＿　〔병음〕 ＿＿＿＿＿＿＿＿＿

03 〔어법 체크〕 다음 문장을 바르게 고치세요.

❶ 一个手机在杂志下面。

➜ ＿＿＿＿＿＿＿＿＿＿＿＿＿＿＿＿＿＿＿＿＿＿＿＿＿＿＿＿＿＿

❷ 学校旁边有老师家。

➜ ＿＿＿＿＿＿＿＿＿＿＿＿＿＿＿＿＿＿＿＿＿＿＿＿＿＿＿＿＿＿

❸ 他跑去往前面了。

➜ ＿＿＿＿＿＿＿＿＿＿＿＿＿＿＿＿＿＿＿＿＿＿＿＿＿＿＿＿＿＿

❹ 前走五百米往就能到。

➜ ＿＿＿＿＿＿＿＿＿＿＿＿＿＿＿＿＿＿＿＿＿＿＿＿＿＿＿＿＿＿

04 회화 체크 녹음을 듣고 빈칸을 채운 후 대화를 완성하세요.

A 你在找什么呢?
Nǐ zài zhǎo shénme ne?

B 我的手机❶_____了。你❷_____我找找。
Wǒ de shǒujī _____ le. Nǐ _____ wǒ zhǎozhao.

手机里有很重要的东西，急❸_____我❹_____。
Shǒujī li yǒu hěn zhòngyào de dōngxi, jí_____ wǒ _____.

A 哥，你的手机❺_____杂志❻_____呢!
Gē, nǐ de shǒujī _____ zázhì _____ ne!

B 咦? 怎么在这儿呢?
Yí? Zěnme zài zhèr ne?

我终于❼_____它了。
Wǒ zhōngyú _____ tā le.

05 본문 체크 빈칸에 알맞은 단어를 써서 문장을 완성하세요.

从地铁站到小婷家，走路要十分钟_____。地铁站
Cóng dìtiězhàn dào Xiǎotíng jiā, zǒulù yào shí fēnzhōng zuǒyòu. Dìtiězhàn

出口_____一个超市，超市_____有一家银行。_____
chūkǒu yǒu yí ge chāoshì, chāoshì pángbiān yǒu yì jiā yínháng. Wǎng

前走两百米，有一家咖啡厅，咖啡厅_____是公园。
qián zǒu liǎngbǎi mǐ, yǒu yì jiā kāfēitīng, kāfēitīng hòubian shì gōngyuán.

小婷家就在公园_____。她_____这里的环境很好。
Xiǎotíng jiā jiù zài gōngyuán fùjìn. Tā juéde zhèli de huánjìng hěn hǎo.

chapter 07

我胃有点儿疼。

나는 위가 좀 아파요.

■ 학습일 : _____ / _____

■ 본책 95~106쪽

01 **간체자 쓰기** 획순에 맞게 단어를 써보세요.

疼 téng 형 아프다	、 广 广 广 疒 疒 疒 疼 疼 疼
	疼 疼
	téng téng

不用 búyòng 부 ~할 필요가 없다	一 フ オ 不 丿 刀 月 月 用
	不用
	búyòng

药 yào 명 약 (藥)	一 艹 艹 艻 艻 艻 药 药
	药 药
	yào yào

开始 kāishǐ 동 시작하다 (開始)	一 二 于 开 乚 乚 女 女 如 始 始 始
	开始
	kāishǐ

咳嗽 **késou** 동 기침하다	I ﾛ ﾛﾞ ﾛﾟ ﾛﾟ 咛 咳 咳 咳 I ﾛ ﾛﾞ ﾛﾟ ﾛﾟ ﾛﾟ 呻 嗽 嗽 嗽 嗽 嗽 嗽		
	咳嗽		
	késou		

感冒 **gǎnmào** 명동 감기(에 걸리다)	一 厂 厂 厌 厌 咸 咸 咸 咸 感 感 感 I 冂 冂 冃 冃 冃 冒 冒 冒 冒		
	感冒		
	gǎnmào		

告诉 **gàosu** 동 알리다, 말하다 (告訴)	ﾉ ﾉﾞ 牛 生 告 告 告 ﾍ ﾈ ﾈ 讠 讠 诉 诉		
	告诉		
	gàosu		

打针 **dǎzhēn** 동 주사를 맞다 (打針)	一 丁 扌 打 打 ﾉ ﾉ ﾉ ﾚ 钅 钅 针		
	打针		
	dǎzhēn		

热水 **rèshuǐ** 명 뜨거운 물, 따뜻한 물 (熱水)	一 丁 扌 扌 执 热 热 热 热 热 亅 刀 水 水		
	热水		
	rèshuǐ		

단어 체크 다음 뜻에 해당하는 중국어와 병음을 쓰세요.

❶ 알리다, 말하다　　(중국어)＿＿＿＿＿＿＿　(병음)＿＿＿＿＿＿＿＿

❷ (몸, 마음이) 편안하다　(중국어)＿＿＿＿＿＿＿　(병음)＿＿＿＿＿＿＿＿

❸ 심하다, 대단하다　(중국어)＿＿＿＿＿＿＿　(병음)＿＿＿＿＿＿＿＿

❹ 감기(에 걸리다)　(중국어)＿＿＿＿＿＿＿　(병음)＿＿＿＿＿＿＿＿

❺ 속이 메스껍다　(중국어)＿＿＿＿＿＿＿　(병음)＿＿＿＿＿＿＿＿

03 **어법 체크** 다음 문장을 바르게 고치세요.

❶ 我哥哥有一个高一高的个子。

　➜ ＿＿＿＿＿＿＿＿＿＿＿＿＿＿＿＿＿＿＿＿＿＿＿＿

❷ 他说韩语得不太好。

　➜ ＿＿＿＿＿＿＿＿＿＿＿＿＿＿＿＿＿＿＿＿＿＿＿＿

❸ 女儿的眼睛漂亮漂亮。

　➜ ＿＿＿＿＿＿＿＿＿＿＿＿＿＿＿＿＿＿＿＿＿＿＿＿

❹ 从我家到机场一点儿远。

　➜ ＿＿＿＿＿＿＿＿＿＿＿＿＿＿＿＿＿＿＿＿＿＿＿＿

04 회화 체크 녹음을 듣고 빈칸을 채운 후 대화를 완성하세요.

A 你怎么了?
Nǐ zěnme le?

B 我胃❶＿＿＿＿＿＿疼。
Wǒ wèi ＿＿＿＿＿＿ téng.

A 要不要去医院?
Yào bu yào qù yīyuàn?

B ❷＿＿＿＿＿＿, 吃一点儿药就行。
＿＿＿＿＿＿, chī yìdiǎnr yào jiù xíng.

…

C 你哪儿❸＿＿＿＿＿＿?
Nǐ nǎr ＿＿＿＿＿＿?

B 恶心, 胃疼得厉害。
Ěxin, wèi téng de lìhai.

C 这个药❹＿＿＿＿吃两天。少❺＿＿＿＿＿＿咖啡。
Zhège yào ＿＿＿＿ chī liǎng tiān. Shǎo ＿＿＿＿＿＿ kāfēi.

05 본문 체크 빈칸에 알맞은 단어를 써서 문장을 완성하세요.

最近东建工作很忙, ＿＿＿＿＿＿不好。他从昨天开始
Zuìjìn Dōngjiàn gōngzuò hěn máng, xiūxi de bù hǎo. Tā cóng zuótiān kāishǐ

咳嗽、发烧, ＿＿＿＿感冒了。下班后, 他头疼得＿＿＿＿,
késou、fāshāo, hǎoxiàng gǎnmào le. Xiàbān hòu, tā tóu téng de lìhai

就去了医院。医生＿＿＿＿他, 要＿＿＿＿吃药, 多喝热水,
jiù qùle yīyuàn. Yīshēng gàosu tā, yào dǎzhēn chī yào, duō hē rèshuǐ,

＿＿＿＿＿＿休息。
hǎohāor xiūxi.

chapter 08

一个星期练三次瑜伽。

일주일에 세 번 요가를 해요.

■ 학습일 : _____ / _____

■ 본책 107~118쪽

01 간체자 쓰기 획순에 맞게 단어를 써보세요.

比 bǐ 개 ~보다, ~에 비해	一 ナ 上 比				
	比 bǐ	比 bǐ			

练 liàn 동 연습하다, 단련하다 (練)	´ ź ź 纟 纩 竡 练 练				
	练 liàn	练 liàn			

次 cì 양 번, 차례	` ｀ 冫 汐 次 次				
	次 cì	次 cì			

棒球 bàngqiú 명 야구	一 十 オ 木 术 杧 梌 捀 梼 棒 棒 一 = キ £ £ 玎 玎 玎 球 球 球			
	棒球 bàngqiú			

迷 mí 몡 애호가, 팬	` `` ``ᅭ 半 米 米 米 迷 迷				
	迷	迷			
	mí	mí			

经常 jīngcháng 뮈 자주 (經常)	` ` `ᅩ 纟 纟 经 经 经 经 `` 屵 屵 屵 屵 常 常 常 常			
	经常			
	jīngcháng			

比赛 bǐsài 몡 경기, 시합 (比賽)	` 七 比 比 比 `` 字 宇 审 审 寒 寒 寒 寒 赛 赛			
	比赛			
	bǐsài			

烦恼 fánnǎo 몡 번뇌, 걱정 (煩惱)	` ` `丬 火 灯 灯 炉 炉 烦 烦 `` 忄 忄 忄 忙 忱 恼 恼			
	烦恼			
	fánnǎo			

难 nán 뼝 어렵다 (難)	フ 又 ヌ ヌ ヌ ヌ ヌ 难 难 难 难				
	难	难			
	nán	nán			

02 단어 체크 다음 뜻에 해당하는 중국어와 병음을 쓰세요.

① 마르다 (중국어) _____ (병음) _____

② 헬스클럽 (중국어) _____ (병음) _____

③ 요가 (중국어) _____ (병음) _____

④ 힘을 내다, 파이팅 (중국어) _____ (병음) _____

⑤ 이전, 예전 (중국어) _____ (병음) _____

03 어법 체크 다음 문장을 〈보기〉와 같이 比를 넣어 바꿔 보세요.

(보기) 这个苹果三块一斤。那个苹果两块五一斤。
→ 这个苹果比那个苹果贵。

① 我今年三十五岁。她今年三十四岁。

→ _____

② 这个菜很好吃。那个菜不好吃。

→ _____

③ 从这儿到学校要一个小时。从这儿到公园要半个小时。

→ _____

A 你❶_____以前瘦了。

Nǐ _____ yǐqián shòu le.

B 真的吗？我最近❷_____练瑜伽了。

Zhēnde ma? Wǒ zuìjìn _____ liàn yújiā le.

A 是吗？你一个星期❸_____？

Shì ma? Nǐ yí ge xīngqī _____?

B 一个星期练三次瑜伽，❹_____跑步。

Yí ge xīngqī liàn sān cì yújiā, _____ pǎobù.

A 你在❺_____健身房练？

Nǐ zài _____ jiànshēnfáng liàn?

B 就在地铁站附近的健身房。

Jiù zài dìtiězhàn fùjìn de jiànshēnfáng.

我❻_____那家不错。

Wǒ _____ nà jiā búcuò.

05 **본문 체크** 빈칸에 알맞은 단어를 써서 문장을 완성하세요.

东建是个棒球_____。他_____跟朋友一起去棒球场。

Dōngjiàn shì ge bàngqiúmí. Tā jīngcháng gēn péngyou yìqǐ qù bàngqiúchǎng.

他们_____比赛，_____加油，开心_____。

Tāmen yìbiān kàn bǐsài, yìbiān hǎn jiāyóu, kāixīn jí le.

一个月去几_____棒球场，东建觉得工作压力都没有了。

Yí ge yuè qù jǐ cì bàngqiúchǎng, Dōngjiàn juéde gōngzuò yālì dōu méiyǒu le.

chapter 09

你在做什么菜呢?

당신은 무슨 요리를 하고 있어요?

▪학습일 : _____ / _____
▪본책 119~130쪽

01 간체자 쓰기 획순에 맞게 단어를 써보세요.

欢迎 huānyíng 동 환영하다 (歡迎)	フ ヌ ヌ゛ヌ゛欢 欢 ノ ㇉ ㇈ ㇈ 卬 卬 迎 迎 欢迎		
	huānyíng		

快 kuài 부 빨리, 어서 형 빠르다	᠂ ᠂ 忄 忄 忄 快 快 快 快		
	kuài kuài		

别 bié 부 ~하지 마라	l ㅁ ㅁ 另 另 别 别 别 别		
	bié bié		

站 zhàn 동 서다	᠂ ᠂ ㇏ ㇏ 立 立 立 站 站 站 站 站		
	zhàn zhàn		

希望	ノ メ ㄨ 产 矛 希 希		
xīwàng	` 丶 丬 切 切 胡 胡 型 望 望 望		
图 희망하다, 바라다	希望		
	xīwàng		

爱	一 ´ ´´ ´´´ ´´´ ㅉ ㅉ ㅉ 乎 爱 爱				
ài					
图 사랑하다, ~하기를 좋아하다 (愛)	爱	爱			
	ài	ài			

辣	` 亠 ㄒ 立 立 辛 辛 辛 `辣 `辣 辨 辣 辣				
là					
圈 맵다	辣	辣			
	là	là			

时候	l ㄇ 日 日 旷 时 时		
	ノ イ 仆 仁 仁 伊 候 候 候		
shíhou	时候		
图 때, 동안 (時候)	shíhou		

半天	` 丷 半 半 半		
	一 二 于 天		
bàntiān	半天		
수량 한참 동안	bàntiān		

02 **단어 체크** 다음 뜻에 해당하는 중국어와 병음을 쓰세요.

① 걱정하다 　(중국어)＿＿＿＿＿＿　(병음)＿＿＿＿＿＿

② 데리다, 가지다 　(중국어)＿＿＿＿＿＿　(병음)＿＿＿＿＿＿

③ 맵다 　(중국어)＿＿＿＿＿＿　(병음)＿＿＿＿＿＿

④ 택시를 타다 　(중국어)＿＿＿＿＿＿　(병음)＿＿＿＿＿＿

⑤ 그런데, 그러나 　(중국어)＿＿＿＿＿＿　(병음)＿＿＿＿＿＿

03 **어법 체크** 다음 문장을 바르게 고치세요.

① 她是早上七点不起床的。

➜ ＿＿＿＿＿＿＿＿＿＿＿＿＿＿＿＿＿＿＿＿＿＿＿＿＿

② 妈妈在等爸爸着呢。

➜ ＿＿＿＿＿＿＿＿＿＿＿＿＿＿＿＿＿＿＿＿＿＿＿＿＿

③ 哥哥不躺着看书。

➜ ＿＿＿＿＿＿＿＿＿＿＿＿＿＿＿＿＿＿＿＿＿＿＿＿＿

④ 你等了别，快回家吧。

➜ ＿＿＿＿＿＿＿＿＿＿＿＿＿＿＿＿＿＿＿＿＿＿＿＿＿

04 **회화 체크** 녹음을 듣고 빈칸을 채운 후 대화를 완성하세요.

A 欢迎欢迎! 快❶_____吧!
Huānyíng huānyíng! Kuài _____ ba!

你们❷_____怎么❸_____?
Nǐmen _____ zěnme _____?

B 我们是打车来的。
Wǒmen shì dǎchē lái de.

A 你们❹_____站着❺_____, 快坐吧!
Nǐmen _____ zhànzhe _____, kuài zuò ba!

B 谢谢。你在做什么菜呢? 真香啊!
Xièxie. Nǐ zài zuò shénme cài ne? Zhēn xiāng a!

A 我❻_____做中国菜呢, 希望你们喜欢。
Wǒ _____ zuò Zhōngguó cài ne, xīwàng nǐmen xǐhuan.

B 别❼_____, 我们都爱吃中国菜。
Bié _____, wǒmen dōu ài chī Zhōngguó cài.

05 **본문 체크** 빈칸에 알맞은 단어를 써서 문장을 완성하세요.

小婷_____吃辣的, 她最喜欢吃麻辣香锅。今天东建
Xiǎotíng ài chī là de, tā zuì xǐhuan chī málà xiāngguō. Jīntiān Dōngjiàn

_____她去了一家餐厅。东建说这家非常_____。
dài tā qùle yì jiā cāntīng. Dōngjiàn shuō zhè jiā fēicháng yǒumíng.

他们到餐厅的_____, 有几个人在门口_____。
Tāmen dào cāntīng de shíhou, yǒu jǐ ge rén zài ménkǒu děngzhe.

他们等了半天_____进去, 不过他们吃_____很开心。
Tāmen děngle bàntiān cái jìnqu, búguò tāmen chī de hěn kāixīn.

chapter 10

春天越来越短了。

봄이 점점 짧아져요.

■학습일 : _____ / _____
■본책 131~142쪽

01 **간체자 쓰기** 획순에 맞게 단어를 써보세요.

热 rè 형 덥다 (熱)	一 十 才 扌 执 执 热 热 热 热				
	热	热			
	rè	rè			

开 kāi 동 켜다, 틀다, 열다 (開)	一 二 于 开				
	开	开			
	kāi	kāi			

短 duǎn 형 짧다	ノ 广 ㅌ 矢 矢 矢 矩 矩 短 短 短 短				
	短	短			
	duǎn	duǎn			

夏天 xiàtiān 명 여름	一 一 了 了 百 百 頁 頁 夏 夏 一 二 于 天	
	夏天	
	xiàtiān	

该 gāi 조동 (마땅히) ~해야 하다 (該)	、 讠 讠 讠 该 该 该 该				
	该	该			
	gāi	gāi			

下雨 xiàyǔ 동 비가 오다, 비가 내리다	一 丁 下 一 厂 厈 币 币 雨 雨 雨		
	下 雨		
	xiàyǔ		

晴 qíng 형 (하늘이) 맑다	丨 日 日 昨 旷 旷 晴 晴 晴 晴 晴				
	晴	晴			
	qíng	qíng			

阴 yīn 형 흐리다 (陰)	阝 阝 阴 阴 阴 阴				
	阴	阴			
	yīn	yīn			

下雪 xiàxuě 동 눈이 오다, 눈이 내리다	一 丁 下 一 厂 厂 雨 雨 雨 雪 雪 雪 雪		
	下 雪		
	xiàxuě		

① 에어컨 　　중국어 ＿＿＿＿＿＿＿　　병음 ＿＿＿＿＿＿＿＿

② 갈수록, 점점 더 　중국어 ＿＿＿＿＿＿＿　　병음 ＿＿＿＿＿＿＿＿

③ 멈추다, 그치다 　중국어 ＿＿＿＿＿＿＿　　병음 ＿＿＿＿＿＿＿＿

④ 갑자기 　　중국어 ＿＿＿＿＿＿＿　　병음 ＿＿＿＿＿＿＿＿

⑤ 게다가, 또한 　중국어 ＿＿＿＿＿＿＿　　병음 ＿＿＿＿＿＿＿＿

03 어법 체크 다음 문장을 바르게 고치세요.

① 雪越来越下得大了。

➜ ＿＿＿＿＿＿＿＿＿＿＿＿＿＿＿＿＿＿＿＿＿＿＿＿＿＿＿＿

② 你没该喝酒。

➜ ＿＿＿＿＿＿＿＿＿＿＿＿＿＿＿＿＿＿＿＿＿＿＿＿＿＿＿＿

③ 头疼得厉害，只好我吃药了。

➜ ＿＿＿＿＿＿＿＿＿＿＿＿＿＿＿＿＿＿＿＿＿＿＿＿＿＿＿＿

④ 汉语有越来越意思了。

➜ ＿＿＿＿＿＿＿＿＿＿＿＿＿＿＿＿＿＿＿＿＿＿＿＿＿＿＿＿

04 회화 체크 녹음을 듣고 빈칸을 채운 후 대화를 완성하세요.

A 今天怎么这么热？
Jīntiān zěnme zhème rè?

B 是啊，❶_____了。我们❷_____吧。
Shì a, _____ le. Wǒmen _____ ba.

A 好的，我❸_____开。
Hǎode, wǒ _____ kāi.

B 这几年春天❹_____短了，夏天❺_____很早。
Zhè jǐ nián chūntiān _____ duǎn le, xiàtiān _____ hěn zǎo.

A 而且夏天越来越热了。
Érqiě xiàtiān yuè lái yuè rè le.

B 真不知道今年夏天❻_____！
Zhēn bù zhīdào jīnnián xiàtiān _____ !

A 我也是，我很怕热。
Wǒ yě shì, wǒ hěn pà rè.

05 본문 체크 빈칸에 알맞은 단어를 써서 문장을 완성하세요.

夏天到了，天气_____热了，而且最近经常
Xiàtiān dào le, tiānqì yuè lái yuè rè le, érqiě zuìjìn jīngcháng

下雨。今天早上天很_____，东建没带伞就_____
xià yǔ. Jīntiān zǎoshang tiān hěn qíng, Dōngjiàn méi dài sǎn jiù chūmén

了。下午，他去便利店的时候，_____下雨了。外边
le. Xiàwǔ, tā qù biànlìdiàn de shíhou, tūrán xiàyǔ le. Wàibian

_____越来越大，他_____在便利店_____雨停。
yǔ xià de yuè lái yuè dà, tā zhǐhǎo zài biànlìdiàn děngzhe yǔ tíng.

chapter 11

我打算去江原道旅游。

나는 강원도에 여행 갈 계획이에요.

■ 학습일 : _____ / __

■ 본책 143～154쪽

01 **간체자 쓰기** 획순에 맞게 단어를 써보세요.

旅游 lǚyóu 동 여행하다	`丶 亠 亍 方 方' 扩 扩 旅 旅 旅` `丶 丶 冫 氵 氵' 汸 汸 浒 浒 浒 游 游`	
	旅游	
	lǚyóu	

风景 fēngjǐng 명 풍경 (風景)	`丿 几 风 风` `丨 口 曰 旦 昂 昌 昌 景 景 景 景 景`	
	风景	
	fēngjǐng	

美 měi 형 아름답다	`丶 丷 半 半 羊 美 美 美 美`	
	美	美
	měi	měi

出差 chūchāi 동 출장하다	`一 屮 屮 出 出` `丶 丷 半 半 兰 兰 羊 差 差 差`	
	出差	
	chūchāi	

特色 tèsè 명 특색, 특징 형 독특하다, 특색 있다	ノ ト オ 牛 牛 牛 牦 特 特 特 ノ ク ク タ 鱼 色		
	特色		
	tèsè		

小店 xiǎodiàn 명 작은 가게	亅 小 小 丶 广 广 庐 庐 店 店		
	小店		
	xiǎodiàn		

让 ràng 동 ~하게 하다, ~하도록 시키다 (讓)	丶 讠 让 让 让			
	让	让		
	ràng	ràng		

礼物 lǐwù 명 선물 (禮物)	丶 ラ ネ ネ 礼 ノ ト オ 牛 牜 牣 物 物		
	礼物		
	lǐwù		

一定 yídìng 부 반드시, 꼭	一 丶 宀 宀 宀 宇 宇 定 定		
	一定		
	yídìng		

02 **단어 체크** 다음 뜻에 해당하는 중국어와 병음을 쓰세요.

① 여름 방학, 여름휴가 (중국어) _____ (병음) _____

② 맛있는 음식 (중국어) _____ (병음) _____

③ 기념품 (중국어) _____ (병음) _____

④ 최후, 마지막 (중국어) _____ (병음) _____

⑤ ~할 계획이다 (중국어) _____ (병음) _____

03 **어법 체크** 다음 문장을 바르게 고치세요.

① 爸爸让过我去买牛奶。

➔ _____

② 晚上下雨会的，你带雨伞吧。

➔ _____

③ 老师让学生不玩儿手机。

➔ _____

④ 我去中国打算旅游。

➔ _____

04 **회화 체크** 녹음을 듣고 빈칸을 채운 후 대화를 완성하세요.

track 11

A 暑假了，你有❶＿＿＿＿＿＿＿吗?

Shǔjià le, nǐ yǒu ＿＿＿＿＿＿＿ ma?

B 我打算去江原道❷＿＿＿＿＿。

Wǒ dǎsuàn qù Jiāngyuán Dào ＿＿＿＿＿ .

A 那里的❸＿＿＿＿＿＿＿，美食也很多。

Nàli de ＿＿＿＿＿＿＿ , měishí yě hěn duō.

B 别的朋友也这么说。

Bié de péngyou yě zhème shuō.

你❹＿＿＿＿＿旅游的❺＿＿＿＿＿?

Nǐ ＿＿＿＿＿ lǚyóu de ＿＿＿＿＿?

A 下星期我❻＿＿＿去上海出差。

Xià xīngqī wǒ ＿＿＿ qù Shànghǎi chūchāi.

B 那你可以去田子坊❼＿＿＿＿＿。

Nà nǐ kěyǐ qù Tiánzǐfāng ＿＿＿＿＿ .

05 **본문 체크** 빈칸에 알맞은 단어를 써서 문장을 완성하세요.

今天是东建在上海出差的＿＿＿＿＿＿，下午他去了

Jīntiān shì Dōngjiàn zài Shànghǎi chūchāi de zuìhòu yìtiān, xiàwǔ tā qùle

田子坊，那里有很多＿＿＿＿＿小店。来上海＿＿＿＿，东建

Tiánzǐfāng, nàli yǒu hěn duō tèsè xiǎodiàn.　　Lái Shànghǎi qián, Dōngjiàn

的妹妹＿＿＿＿＿买上海的纪念品。他在田子坊＿＿＿＿妹妹

de mèimei ràng tā mǎi Shànghǎi de jìniànpǐn.　Tā zài Tiánzǐfāng gěi mèimei

买了很多礼物，他＿＿＿＿妹妹一定＿＿＿＿喜欢＿＿＿＿。

mǎile hěn duō lǐwù,　tā xiǎng mèimei yídìng huì xǐhuan de.

chapter 12

我会想你们的。

나는 당신들이 보고 싶을 거예요.

■ 학습일 : _____ / _____

■ 본책 155~166쪽

01 **간체자 쓰기** 획순에 맞게 단어를 써보세요.

就要 jiùyào 🖺 곧	` 亠 广 古 古 亨 亨 京 京 京 新 就 就 一 厂 戸 西 西 要 要 要		
	就要		
	jiùyào		

回国 huíguó 🖺 귀국하다 (回國)	丨 冂 冂 冋 冋 回 丨 冂 冂 冃 囯 国 国 国		
	回国		
	huíguó		

帮助 bāngzhù 🖺 돕다 (幫助)	一 二 三 丰 丰彡 邦 邦 帮 帮 丨 冂 冃 月 且 助 助		
	帮助		
	bāngzhù		

韩语 Hányǔ 🖺 한국어 (韓語)	一 十 广 古 古 直 卓 卓 卓 韩 韩 丶 讠 讠 讦 讦 语 语 语 语		
	韩语		
	Hányǔ		

努力 nǔlì 형 노력하다	𡿨 女 女 奴 奴 努 努 𠃌 力
	努力 nǔlì

已经 yǐjīng 부 이미, 벌써 (已經)	𠃌 コ 已 𠃋 纟 纟 经 经 经 经 经
	已经 yǐjīng

离开 líkāi 동 떠나다, 헤어지다 (離開)	丶 亠 亠 文 文 卤 产 呙 离 离 一 二 チ 开
	离开 líkāi

这些 zhèxiē 대 이들, 이러한	丶 亠 ナ 文 文 这 这 丨 ト 止 止 止 此 些 些
	这些 zhèxiē

忘记 wàngjì 동 잊어버리다 (忘記)	丶 亠 亡 产 忘 忘 忘 丶 讠 讠 讠 记
	忘记 wàngjì

02 **단어 체크** 다음 뜻에 해당하는 중국어와 병음을 쓰세요.

① 돌보다 　　　　中국어 ＿＿＿＿＿　　　병음 ＿＿＿＿＿

② 다르다 　　　　中국어 ＿＿＿＿＿　　　병음 ＿＿＿＿＿

③ 성격 　　　　　中국어 ＿＿＿＿＿　　　병음 ＿＿＿＿＿

④ 이후, 나중 　　 中국어 ＿＿＿＿＿　　　병음 ＿＿＿＿＿

⑤ 아쉬워하다, 아까워하다 　中국어 ＿＿＿＿＿　병음 ＿＿＿＿＿

03 **어법 체크** 다음 문장을 바르게 고치세요.

① 弟弟毕业就要了。

➜ ＿＿＿＿＿＿＿＿＿＿＿＿＿＿＿＿＿＿＿＿

② 我离开舍不得朋友。

➜ ＿＿＿＿＿＿＿＿＿＿＿＿＿＿＿＿＿＿＿＿

③ 姐姐五年结婚了。

➜ ＿＿＿＿＿＿＿＿＿＿＿＿＿＿＿＿＿＿＿＿

④ 我两个小时的唱了歌。

➜ ＿＿＿＿＿＿＿＿＿＿＿＿＿＿＿＿＿＿＿＿

track **12**

A 你星期五❶_____回国了，我们都很❷_____你。
　 Nǐ xīngqīwǔ _____ huíguó le , wǒmen dōu hěn _____ nǐ.

B 我也是。真谢谢你们的❸_____和❹_____。
　 Wǒ yě shì. Zhēn xièxie nǐmen de _____ hé _____.

　 我会想你们的。
　 Wǒ huì xiǎng nǐmen de.

C 你回去以后要❺_____学习韩语。
　 Nǐ huíqu yǐhòu yào _____ xuéxí Hányǔ.

B 我❻_____努力❼_____! 希望你们来北京玩儿。
　 Wǒ _____ nǔlì _____ ! Xīwàng nǐmen lái Běijīng wánr.

A 好的。我们❽_____去北京看你。
　 Hǎode. Wǒmen _____ qù Běijīng kàn nǐ.

小婷来韩国_____两年了， 她觉得时间_____真
Xiǎotíng lái Hánguó yǐjīng liǎng nián le,　tā juéde shíjiān guò de zhēn

快。后天_____回国了，她很_____离开韩国、离开
kuài. Hòutiān jiùyào huíguó le,　tā hěn shěbude líkāi Hánguó、líkāi

朋友。她在韩国_____了很多不同国家的朋友，这些朋友
péngyou. Tā zài Hánguó jiāole hěn duō bù tóng guójiā de péngyou, zhèxiē péngyou

给了她很大的帮助，她不会_____他们的。
gěile tā hěn dà de bāngzhù, tā bú huì wàngjì tāmen de.

정답

01 你吃早饭了吗?

2
① 早饭 / zǎofàn
② 三明治 / sānmíngzhì
③ 有时候 / yǒushíhou
④ 又…又… / yòu…yòu…
⑤ 聪明 / cōngming

3
① 我吃了一碗饭。
② 他没有回家。
③ 我周末有时候见朋友，有时候在家看电影。
④ 他又帅又聪明。

4
① 早上 Zǎoshang
② 早饭 zǎofàn
③ 要不要 yào bu yào
④ 做的 zuò de
⑤ 哪有 nǎ yǒu

5 前 / 有时候 / 有时候 / 汉堡店 / 又 / 又

02 电话号码是多少?

2
① 炸酱面 / zhájiàngmiàn
② 上午 / shàngwǔ
③ 一般 / yìbān
④ 才 / cái
⑤ 尝 / cháng

3
① 我请朋友来我家玩儿。
② 他九点半才来上课。
③ 她六点就吃早饭了。
④ 你看一看这本书。

4
① 电话号码 diànhuà hàomǎ
② 外卖 wàimài
③ 碗 wǎn
④ 份 fèn
⑤ 等一等 děng yi děng

5 看看 / 才 / 发短信 / 请

03 最近天气暖和了。

2
① 还 / hái
② 暖和 / nuǎnhuo
③ 聊天 / liáotiān
④ 出去 / chūqu
⑤ 拍照 / pāizhào

3
① 他现在有女朋友了。
② 你不要下来，我上去。
③ 我在外边，你快出来吧。
④ 爸爸一边听音乐，一边看书。

4
① 暖和 nuǎnhuo
② 不错 búcuò
③ 出去 chūqu
④ 不行 bùxíng
⑤ 要 yào
⑥ 时间了 shíjiān le
⑦ 咱们 zánmen

5 天气 / 多 / 啊 / 跟 / 一边 / 一边 / 还 / 开心

04 我可以看一下吗?

2
① 牛仔裤 / niúzǎikù
② 化妆品 / huàzhuāngpǐn
③ 韩币 / hánbì
④ 准备 / zhǔnbèi
⑤ 散步 / sànbù

3
① 你尝一下我做的菜。
② 大家都准备好了吗?
③ 我没买到大衣。
④ 我做好了给妈妈的生日蛋糕。

4 ① 一下 yíxià
　② 可以 kěyǐ
　③ 多少钱 duōshao qián
　④ 韩币 hánbì
　⑤ 便宜 piányi
　⑥ 改天 gǎitiān

5 逛街 / 还买 / 不少 / 买完 / 一起

05 你知道怎么去唐人街吗?

2 ① 地铁 / dìtiě
　② 公共汽车 / gōnggòng qìchē
　③ 或者 / huòzhě
　④ 大概 / dàgài
　⑤ 小时 / xiǎoshí

3 ① 他要坐船去中国。
　② 从地铁站到我家走五分钟就到。
　③ 我每天骑自行车去学校。
　④ 自己开车去大概要两个半小时。

4 ① 怎么去 zěnme qù
　② 多长 duō cháng
　③ 大概 dàgài
　④ 小时 xiǎoshí
　⑤ 还是 háishi

5 坐地铁 / 从 / 到 / 一般 / 或者 / 五分钟

06 我的手机不见了。

2 ① 出口 / chūkǒu
　② 桌子 / zhuōzi
　③ 急 / jí
　④ 杂志 / zázhì
　⑤ 钱包 / qiánbāo

3 ① 杂志下面有一个手机。 또는
　　我的手机在杂志下面。
　② 老师家在学校旁边。
　③ 他往前面跑去了。
　④ 往前走五百米就能到。

4 ① 不见 bújiàn
　② 帮 bāng
　③ 死 sǐ
　④ 了 le
　⑤ 在 zài
　⑥ 下面 xiàmiàn
　⑦ 找到 zhǎodào

5 左右 / 有 / 旁边 / 往 / 后边 / 附近 / 觉得

07 我胃有点儿疼。

2 ① 告诉 / gàosu
　② 舒服 / shūfu
　③ 厉害 / lìhai
　④ 感冒 / gǎnmào
　⑤ 恶心 / ěxin

3 ① 我哥哥有一个高高的个子。
　② 他说韩语说得不太好。 또는
　　他韩语说得不太好。
　③ 女儿的眼睛漂漂亮亮。
　④ 从我家到机场有点儿远。

4 ① 有点儿 yǒudiǎnr
　② 不用 búyòng
　③ 不舒服 bù shūfu
　④ 得 děi
　⑤ 喝点儿 hē diǎnr

5 休息得 / 好像 / 厉害 / 告诉 / 打针 / 好好儿

08 一个星期练三次瑜伽。

2 ① 瘦 / shòu
② 健身房 / jiànshēnfáng
③ 瑜伽 / yújiā
④ 加油 / jiāyóu
⑤ 以前 / yǐqián

3 ① 我比她大。
② 这个菜比那个菜好吃。
③ 学校比公园远。

4 ① 比 bǐ
② 开始 kāishǐ
③ 练几次 liàn jǐ cì
④ 还有 hái yǒu
⑤ 哪家 nǎ jiā
⑥ 觉得 juéde

5 迷 / 经常 / 一边看 / 一边喊 / 极了 / 次

09 你在做什么菜呢？

2 ① 担心 / dānxīn
② 带 / dài
③ 辣 / là
④ 打车 / dǎchē
⑤ 不过 / búguò

3 ① 她不是早上七点起床的。
② 妈妈在等着爸爸呢。
③ 哥哥没有躺着看书。
④ 你别等了，快回家吧。

4 ① 进来 jìnlai
② 是 shì
③ 的 de
④ 别 bié
⑤ 了 le

⑥ 正在 zhèngzài
⑦ 担心 dānxīn

5 爱 / 带 / 有名 / 时候 / 等着 / 才 / 得

10 春天越来越短了。

2 ① 空调 / kōngtiáo
② 越来越 / yuè lái yuè
③ 停 / tíng
④ 突然 / tūrán
⑤ 而且 / érqiě

3 ① 雪下得越来越大了。
② 你不该喝酒。
③ 头疼得厉害，我只好吃药了。
④ 汉语越来越有意思了。

4 ① 热死 rèsǐ
② 开空调 kāi kōngtiáo
③ 来 lái
④ 越来越 yuè lái yuè
⑤ 来得 lái de
⑥ 该怎么过 gāi zěnme guò

5 越来越 / 晴 / 出门 / 突然 / 雨下得 / 只好 / 等着

11 我打算去江原道旅游。

2 ① 暑假 / shǔjià
② 美食 / měishí
③ 纪念品 / jìniànpǐn
④ 最后 / zuìhòu
⑤ 打算 / dǎsuàn

3 ① 爸爸让我去买牛奶。
② 晚上会下雨的，你带雨伞吧。
③ 老师不让学生玩儿手机。

④ 我打算去中国旅游。

4 ① 什么打算 shénme dǎsuàn
② 旅游 lǚyóu
③ 风景很美 fēngjǐng hěn měi
④ 有没有 yǒu méiyǒu
⑤ 打算 dǎsuàn
⑥ 得 děi
⑦ 逛逛 guàngguang

5 最后一天 / 特色 / 前 / 让他 / 给 /
想 / 会 / 的

12 我会想你们的。

2 ① 照顾 / zhàogù
② 不同 / bù tóng
③ 性格 / xìnggé
④ 以后 / yǐhòu
⑤ 舍不得 / shěbude

3 ① 弟弟就要毕业了。
② 我舍不得离开朋友。
③ 姐姐结婚五年了。
④ 我唱了两个小时的歌。

4 ① 就要 jiùyào
② 舍不得 shěbude
③ 帮助 bāngzhù
④ 照顾 zhàogù
⑤ 好好儿 hǎohāor
⑥ 会 huì
⑦ 的 de
⑧ 一定 yídìng

5 已经 / 过得 / 就要 / 舍不得 / 交 /
忘记